乡村振兴战略中传统文化建构研究

王娜　著

中国纺织出版社有限公司

内 容 提 要

文化振兴是乡村振兴的灵魂，找到文化振兴的抓手，将文化振兴落到实处，让基层干部群众可抓可学，不泛泛而谈目的和意义很有必要。全书共分为七章，首先介绍了乡村文化振兴的内涵、价值、理论缘起以及当代中国乡村文化现状；其次对乡村文化建设的挑战及路径进行了分析；最后分别详述了乡土特色文化、旅游文化、产业文化、优秀传统文化视角下的乡村振兴路径探究。本书适合文化旅游、文化产业、文化治理、乡村文化等研究领域读者使用。

图书在版编目（CIP）数据

乡村振兴战略中传统文化建构研究 / 王娜著. -- 北京：中国纺织出版社有限公司，2022.8
ISBN 978-7-5180-9764-7

Ⅰ. ①乡… Ⅱ. ①王… Ⅲ. ①农村文化—文化事业—建设—研究—中国 Ⅳ. ①G127

中国版本图书馆 CIP 数据核字（2022）第147981号

责任编辑：张 宏 责任校对：高 涵 责任印制：储志伟

中国纺织出版社有限公司出版发行
地址：北京市朝阳区百子湾东里 A407 号楼 邮政编码：100124
销售电话：010—67004422 传真：010—87155801
http://www.c-textilep.com
中国纺织出版社天猫旗舰店
官方微博 http://weibo.com/2119887771
北京虎彩文化传播有限公司印刷 各地新华书店经销
2022 年 8 月第 1 版第 1 次印刷
开本：710×1000 1/16 印张：11.5
字数：164 千字 定价：89.80 元

PREFACE
前言

中国农村在数千年的历史长河中形成了内涵丰富、博大精深的乡村文化，这些文化是中华优秀传统文化的重要组成部分，在中国古代乡村建设、发展中起着重要的作用。没有文化的振兴，难有民族的复兴。因此，从文化视角探索乡村振兴的发展思路具有十分重要的现实意义。本书取名为《乡村振兴战略中传统文化建构研究》，就是因为文化振兴是乡村振兴的灵魂，必须找到文化振兴的抓手，将文化振兴落到实处，让基层干部群众可抓可学，不是泛泛而谈目的和意义。

全书共分为七章，其中第一章至第三章从理论上对乡村文化振兴进行现实解释，并对乡村文化建设的现状、挑战及路径进行了分析。第四章至第七章主要介绍了乡土特色文化、旅游文化、产业文化、优秀传统文化视角下的乡村振兴路径探究。

本书在编撰过程中参考和借鉴了部分国内专家、学者的观点以及研究成果，在此对他们表示诚挚的感谢。最后，由于水平有限，时间紧迫，书中难免有不当之处，恳请广大读者批评、指正。

著　者
2022 年 3 月

CONTENTS

目录

第一章

乡村文化振兴概述

第一节　乡村文化振兴的内涵

一、乡村振兴战略

党的十九大报告中，中国共产党在全面分析和把握我国经济社会发展阶段性的基础上提出“乡村振兴战略”。“‘乡村振兴战略’以‘产业兴旺、生态宜居、乡风文明、治理有效、生活富裕’作为乡村建设的总要求”，是解决新时代乡村发展矛盾的总舵手，是加快推进城乡融合发展、确保“两个一百年”奋斗目标顺利实现的一项重大战略举措。与社会主义新农村建设相比，“乡村振兴战略”更加全面地促进乡村发展，是农业农村现代化建设进程中理论与制度层面的创新和升级。

首先，在经济建设方面，由“生产发展”转变为“产业兴旺”，体现了农村产业发展的新态势，这说明了实现产业振兴不能将产业发展仅仅局限于农作物生产上，要引入产业融合理念以促进一二三产业融合发展，促进产业升级转化。在此基础上深入推进农业供给侧改革以把握市场需求，增加农产品的附加值以延长产业链，发展多种规模适度经营。在这一要求下，乡村农业发展通过提高自身的发展动力加快实现农业农村现代化的步伐，这意味着打破了以往“以城带乡”的格局，同时形成了人才返乡创新村的新局面。

其次，在生态建设方面，由“村容整洁”到“生态宜居”的转变，说明了人们越来越向往蓝天白云，对生活环境的要求越来越高，并且生态环境对农作物的生产质量也有很大的影响。中国共产党将“生态宜居”作为乡村振兴的总要求之一，说明党中央对生态环境高度重视，并将建设美丽乡村提上日程。在过去的发展过程中，由于粗放型的农业生产模式和工业化的快速发展对乡村自然资源和生活环境造成了严重影响，所以，“生态宜居”就要求我们转变农业生产方式，保护好绿水青山，实现乡村的可持续发展，还给乡民一个良好的居住环境。

再次，在文化建设方面，实现“乡风文明”是中国共产党多年以来一直坚持的目标和方向。塑造乡风文明的场景要让中华优秀传统文化在乡村充分涌流。中华优秀传统文化大部分源于乡村文化，所以乡风文明建设一方面要增加乡村文化自信和文化认同，这样有利于挖掘更多的、优秀的、隐藏的乡村文化；另外，加强对自然文化遗产的保护，要避免唯利是图的商人过度开发文化遗产，不要将文化变成赚钱的手段。如此一来，在“乡村振兴战略”背景下，秉承着富口袋就要先富脑袋的原则，中国共产党更加注重提高乡民的道德修养和教育，让乡民顺应时代的变化。

最后，在乡村治理方面，由“管理民主”向“治理有效”的转化，这说明了中国共产党对乡村治理的高度重视，也说明了当前的乡村治理需要从多元共治的角度出发，加强和创新治理手段，就是“自治、德治、法治”三管齐下，以达到消除民主管理弊端，使乡村人民生活和谐安定的目的。

在实施“乡村振兴战略”的背景下，达到“产业兴旺、生态宜居、乡风文明、治理有效、生活富裕”这五个方面的总要求，需要乡村文化的指引，在实现乡村全面振兴的过程中不能将文化要素孤立出来，没有文化的振兴就不是全面的振兴。所以，乡村振兴视角下乡村文化的建设就显得尤为重要。

二、文化

关于文化概念的理解，回归本源需要从人的角度探索文化的奥秘。因为有人的存在，就有文化。从文化起源来看，由于地理、经济、社会等因素不同，东西方对于文化的理解存在很大差异。西方用“culture”这一原本指“耕作，驯养”词语引申用来形容人的性情、品格和道德修养。而在中国一早就采用“文化”二字来形容人的精神内涵、学识修养。

早期，“文化”一词并不是一起出现在大众视野中的，在中国古代对“文”与“化”有不同的定义。一方面，“文”这个字形容的是一种静态的过程，是由通假字“文”通“纹”形容动物身上的纹理引申到人的学识、知书达理、德行修养等，以至今日发展为大家所了解的“文化”；另一方面，“化”这个字更多展现的是一种动态的效果，主要指事物形态和性质的变化而后引申为道德风俗的教化。在《周易》“贲”卦《象传》这一文章中“观乎人文，以化天下”，这两个字出现告诉大家就是“文以化人”。所以，古代中国对文化的解释大多是教化的意思。

“文化”有狭义与广义之分。狭义的文化单指人类所创造的精神文明成果，通俗来讲，就是文学艺术。“而广义的文化指的是人类的一切社会活动，也就是物质成果和精神成果的总和”。马克思主义认为文化应该是物质文化和精神文化的统一。它是人们在精神领域的实践成果与人们在认识世界和改造自然过程中的生产实践以及取得的物质财富的总和。

基于此，本文采用了广义的文化内涵。由此可知，文化具有强大的包容性，它涵盖精神领域问题的同时，又指导人类文明的生活实践、社会交往并且影响人类社会经济与政治等领域的发展。文化是一个国家、社会的精神文化与物质文化的统一。

三、乡村文化

“乡村”二字点缀在“文化”一词前组合成了“乡村文化”，这一词汇的产生给人们一种独有的乡村意境，并且那些扎根于乡村土地的别具一格的文化类型展示出来的农家韵味会浮现于脑海中，比如，村容农舍、地方戏曲、民俗艺术、红白喜事、民间谚语、习俗禁忌等。从乡村社会生活的主客体的角度来看乡村文化，农民作为主体时乡村文化以各种形式存在并影响人们的生活习惯、思维模式、心态观点。

反而观之，农民在生活生产、日常行为的过程中逐步形成并塑造出一套以行为规范、思想观念、心理意识、民俗约定为主要内容来适应或者约束乡民的文化产品。乡村文化能够展示出每一个阶段乡民的生活经验与智慧，比如，以“天人合一”表达对自然界的敬畏，以“乌鸦反哺，羔羊跪乳”表达人的感恩之心，以“出入相友、守望相助、疾病相扶”表达人与人友善来往，这些都是孕育在乡村文化中的中国优秀的传统文化。

由此可见，乡村文化，是以农民为主体在遵循客观的生产生活经验的基础上，约定俗成的顺应乡村经济、政治、文化发展的文化形态，在本文中乡村振兴战略背景下的乡村文化，是马克思主义中国化的重要体现，是中国特色社会主义文化、中国优秀的传统文化及乡村文化融合而成，并为实现乡村振兴提供文化动能的一种顺应时代发展的乡村文化。

四、乡村文化振兴

乡村文化振兴应避免只追求单一的经济发展，要促进经济与社会文化发展的良性互动，实现乡村的全面振兴。推动乡村文化振兴就是要以社会主义核心价值观为引领，加强乡村思想道德建设和公共文化建设，深入挖掘优秀传统农耕文化中蕴含的思想观念、人文精神、道德规范，培育挖掘乡土文化人才，弘扬主旋律和社会正气，培育文明乡风、良好家风、淳朴民风，改善农民精神风貌，提高乡村社会文明程度，焕发乡村文明新气象。2018 年，国家出台了《乡村振兴战略规划(2018—2022 年)》，其中第七篇提出了繁荣发展乡村文化的具体项目和重大工程。综合来看，文化振兴的内涵包括以下几方面。

(一)找回人与自然和谐发展的理念

农民在长期农业生产中形成了适应生产、生活需要的国家制度、礼俗制度、文化教育等的农耕文化。作为世界上存在最为广泛的文化集成，农耕文化是华夏文化的源泉，是中华优秀传统文化的璀璨之星。中华农耕文化强调的是人与自然和谐统一，强调万物和谐是自然界各物种和睦共存的最美结构、最佳形式，也是持续发展的标志。人类从最初对自然的敬畏，到抗争，再到利用、掠夺、破坏，虽然满足了现实的利益，却造成了生态失衡、环境污染、资源枯竭等问题，甚至遭到毁灭性的灾难。归根结底，就是在人与自然相处的理念上出现了问题，人与自然的关系必须坚持绿色发展理念，文化振兴就是要摒弃忽视自然的“人类中心主义”的发展观，顺应天时、地利、人和的要求，找回人与自然和谐发展的理念，尊重自然、融入自然、取法自然、顺应自然。树立顺应自然、遵循自然规律、人与自然和谐相处的理念，让每一个人都真正认识到，不能过分地向自然索取，而应油然而生地追求人与自然的和谐共赢和绿色发展，建立环境友好型、资源节约型社会。

(二)弘扬勤俭节约等优良的作风

“历览前贤国与家，成由勤俭败由奢。”在中华五千年的文明史上，先辈们在艰苦的自然条件和严酷的社会环境中培育了吃苦耐劳、勤俭持家、艰苦奋斗的优良作风，在物质生活上强调知足常乐，在精神生活上强调淡泊明志。农民晴耕雨读，合理安排生产和学习，既体现了悠然自得的田园、读书生活，又体现了自力更生、不屈不挠等优良作风。但是，在中央三令五申下，一些农村地区仍然出现了“天价彩礼”“超乎常理的人情消费”等现象，个别地方甚至愈演愈烈，既影响了正常的农业生产性投资，又大大加重了广大干部群众的经济负担，更为重要的是，扭曲了正常的人际关系，影响了民风和社会风气。还有一些贫困地区农民脱贫的内生动力不足，仍然存在“等、靠、要”的思想，影响了脱贫攻坚的工作效果。如果不狠刹这股歪风，不消除不良思想的影响，前进的动力就会受阻，全面建成小康社会的成果就难以巩固。文化振兴强调勤俭节约等优良作风，并不是说要让广大农民群众再去过清苦的生活，也不是要否定合理的物质消费，而是要反对以各种婚丧喜庆名义大摆宴席、相互攀比、铺张浪费和搞封建迷信等不良风气；弘扬中华民族艰苦奋斗的作风，让广大农民明白“幸福是奋斗出来的”，做到不等不靠，自觉投入乡村振兴的实践中，努力实现自己的价值。

（三）宣扬诚信友善等传统美德

传统美德是民族文化的结晶，有着丰富的民族精神和思想内容。中华民族拥有忠、孝、礼、义、廉、耻等优秀的传统美德，影响了一代又一代中华儿女，同时在中华民族的历史长河中得以延续。诚信友善等传统美德一旦发生断裂就会影响正常的乡村社会生活和经济建设秩序。近年来，农村出现了思想和道德滑坡；有的人游手好闲，好吃懒做；有的人不尊老爱幼，不赡养老人；有的人道德败坏，危害社会，等等。文化振兴就是要提倡和发扬优秀传统文化中的道德观念和责任意识，大力宣传先进典型，彰显道德模范的示范带动作用，并一代一代地传承下去，如费孝通先生提出的“各美其美，美人之美，美美与共，世界大同”。因此，以诚信建设为重点，营造崇德向善的氛围，加强社会公德、职业道德、家庭美德、个人品德教育，形成修身律己、崇德向善、礼让宽容的道德风尚，最大限度地降低社会治理成本，这也是“富强、民主、文明、和谐、自由、平等、公正、法治、爱国、敬业、诚信、友善”的社会主义核心价值观的题中应有之义。同时，将家族等传统社会组织的积极作用与现代治理方式相结合，提倡村民互助和自治，为健全自治、法治、德治相结合的乡村治理体系做出贡献。

(四)创新传承农耕文化的方式

乡村是中国传统文化的发源地,中华文明是由成熟的农业文明、乡村文明发展而来的,反映了中华民族的生存智慧。农耕文化是农业文明、乡村文明的表现形式,是中华民族的宝贵财富,是中华文化的重要组成部分。农耕文化有自身的发展特点和逻辑,很难从属于城市文化。而城镇化的快速推进使得农耕文化越来越缺乏传承的载体,迫切需要创新其传承方式,使其在与现代文明的融合中重焕新生。那些具有鲜明地域和民族特征的农业文化遗产、传统村落、文化习俗、非物质文化遗产等,都是民族文化的宝库和活化石,也是传承农耕文化的载体。可以针对城镇化不断发展的现实,设计乡村的印记实体或网络平台,寄托人们的乡愁;可以根据农业多功能性的特点,整合各地农业生产、农村生态、农民生活、乡村文化等多种资源,将农业与自然、二三产业有机融合,活态传承农耕文化;可以通过对乡土文明在地化文化历史积淀的挖掘传承,与在地化生产生活生态的发展实践实现再融合、再创造,促进中国传统乡村农耕文化的再生与创造性转化;还可以将传统农耕文化与现代工业文明有机结合,在传承地方文化产业特色基础上,探索把乡村价值传输到城市的途径,实现乡村和城市的良性互动,促进城乡融合发展。

第二节 乡村文化振兴的价值

乡村文化振兴是实施乡村振兴战略的智慧源泉和内生动力,是基于我国乡村文化日趋衰落的自我觉醒与积极应对,是对优秀传统文化的挖掘、传承与复兴。乡村文化振兴的基本内涵是对中国乡土社会、乡土文化的极大弘扬,并以社会主义核心价值观为引领,构建中国特色社会主义乡村文化体系,为世界文化多元性提供中国样本。全面系统分析乡村文化振兴与乡村产业振兴、人才振兴、生态振兴、组织振兴的内在逻辑关系,积极探索乡村道德建设与人的全面发展方式、发展特色文化产业、强化乡村传统文化生产性保护,是构建完善的乡村公共文化服务体系等乡村文化振兴的有效路径。

实现乡村文化振兴,首先需要理解什么是乡村文化、振兴怎样的乡村文化,这也是乡村文化振兴的价值内涵。中国是一个乡土社会,中国文化在本质上是乡土文化。如何回归“乡土中国”并超越“乡土中国”？如何传承与弘扬中华优秀传统文化？如何使中华优秀传统文化与时代同步？怎样融入社会主义核心价值观塑造，使之成为推动中华民族伟大复兴的思想基础、行动指南和智力支撑？中国自古就是一个农业大国，泱泱五千年历史积淀了浓厚的乡土文化，它是中华文化的根脉，是中华民族精神的源泉，是广大乡村群众赖以生存的精神养分，中国特色社会主义核心价值观是中华优秀传统文化和人类文明成果在新时代的价值体现，是对中国乡土文化基因的传承。

乡村文化的基本内涵主要包括：一是对传统乡土文化中仍具有时代价值和生命力的文化因子进行挖掘、传承与弘扬；二是将中国传统伦理与中国特色社会主义核心价值观有机融合，并对人的全面发展进行塑造；三是以中国特色社会主义核心价值观引领与深化乡村文化建设，并对现代乡土文化的构建产生巨大影响。

一、继承和创新优秀乡土文化

“‘文化’指的是一个民族，或者群体，共有的生活方式与观念体系总称”，是某一具体群体在长期的生产、生活过程中逐渐形成和积淀起来的人与自然、人与社会及人与自身关系的总和。乡村文化则是生活在乡村这一地理空间中的人们长期以来形成的特有而相对稳定的生产生活方式与观念体系的总称。其具体包括物态文化层面的乡村山水风貌、乡村聚落、乡村建筑、民族民间工艺等；行为文化层面的生活习惯、传统文艺表演、传统节日等；制度文化层面的生产生活组织方式、社会规范、乡规民约等及精神文化层面的孝文化、宗族家族文化、宗教文化等。费孝通先生曾指出：“从基层上看去，中国社会是乡土性的。”“中华文化的根脉在乡村，这些诸如乡土、乡景、乡情、乡音、乡邻、乡德等构成中国乡土文化的要素，也是中华优秀传统文化的基本内核。”正是乡村孕育并发展了中国传统文化，是中国传统文化的根基和源头，“原来中国社会是以乡村为基础，并以乡村为主体的，所有文化，多半是从乡村而来，又为乡村而设——法制、礼俗、工商业等莫不如是”。在传统农业社会里，农业是社会的主导产业，农村是主要的活动区域，农民则是社会的主体成员，以农耕文明为基础、以农村为主要生存空间的乡村文化就构成了传统文化的核心内涵。可以说，乡村文化是中国文化中一个充满原生态特征的活水源头，它像血脉一样滋养着总体性文明的多个层面，成就我们民族独特的文化资源。在漫长的时光中，围绕着传统村落生成的杰出人物、神话传说、民间艺术、能工巧匠、民俗风情、民族风貌、特色餐饮等，展现了中华民族文化多样性的独特美丽和价值。因此，中华优秀传统文化从本质上说就是“乡土文化”，这也是中国文化的主体。

近代以来，西方的工业文明与传统中国的农业文明之间发生了直接碰撞，传统乡村社会成为“落后”的代名词，亟须改造，而乡村文化是一种“封建”的文化形态，亟待重构。在这一时代语境下，由晏阳初、梁漱溟、卢作孚等人牵头开展的规模浩大的乡村建设运动便开始推行开来。20 世纪 50 年代以来，中国乡村社会开始走向开放的、大流动的“陌生人社会”。尤其是进入 21 世纪，在工业化和城镇化推动下，我国大规模、大范围的“离土”潮流出现，进而在乡村社会形成大量的“空心村”，乡村文化遭遇主体缺失的巨大危机，乡村文化赖以生存与发展的基础条件与文化生态遭到破坏。乡村青壮年涌进城市，将乡村传统文化“推开”的同时，又将现代化、全球化的城市文化“带回”乡村社会，乡村传统文化空间受到挤压，乡村传统文化在与现代城市文化的交流与碰撞中日益式微和边缘化。

随着现代化的不断推进，乡土文化赖以生存和发展的客观环境都发生了重大变迁，尤其是人地关系的疏离与变迁，导致传统农耕生活方式发生变革，并由此带来了乡村聚落、乡村建筑、民族民间技艺、与农事相关的各类节庆活动和组织方式、乡规民约、价值观念等一系列文化形态的变迁。文化的传承与发展是一个动态的过程，乡村传统文化在与城市现代文化的交流与碰撞中必然会经历或快或慢、或激烈或缓和的历史嬗变，这是文化发展的必然。然而，这并不等于乡村传统文化必然就要在与城市现代文化的碰撞中走向终结。相反，乡村传统文化中蕴含着丰富的历史积淀、民众智慧及复合创新能量。在这一共识下，继承和创新乡土文化，一方面要深入挖掘乡村传统文化中的优秀因子和精华部分，推动乡村优秀传统文化在现代化发展中的传承与创新；另一方面要坚决摒弃乡村传统文化中的糟粕部分，构建积极健康的乡村文化价值体系。实施乡村文化振兴战略，就是要在充分挖掘、整理、继承与弘扬中华优秀传统乡土文化的同时，必须学习借鉴人类文明的一切成果，紧紧把握时代发展脉搏，积极创新与时代同步、融入世界潮流并引导人类命运共同体核心价值的新型的具有中国特色的乡村文化。

二、丰富和补给乡土文化多样性

文化多样性是“文化在不同时代和不同地方具有各种不同的表现形式”，具体表现在语言、宗教信仰、饮食、建筑、习俗、行为规范、服饰、音乐和舞蹈等各种文化形式及其内容的多样性。在人类文明史上，不同区域、不同族群的人在适应自然、利用自然的过程中，不断地摸索，创造了不同的物质文明形态和精神文明内容，正是这种“各美其美，美人之美，美美与共，天下大同”的思想观念使人类文明在全球化和现代化进程中仍可以异彩纷呈，文化生命力生生不息。从世界文化发展来看，主要包括游牧、商业和农耕三种文化类型，其中游牧文化与商业文化的共同特点在于“富、强、动、进”，而农耕文化的特点在于“安、足、静、定”。近代面对以商业文化为代表的西方国家的入侵与挑战，以农耕文明为主的传统中国社会虽然遭受巨大打击，但并未因此而走向衰落，而是凭借极强的韧性和顽强的精神，傲然屹立在世界的东方，并在改革开放的创新发展中取得举世瞩目的成就。作为四大文明古国中唯一的历史不断线、持续发展至今的国家，中国为世界文化多样性和人类文明发展贡献了巨大的力量。

文化多样性是乡土文化的重要特色，也是乡村文化传承、发展和振兴的核心。作为促进文化繁荣、文明进步的重要因素，文化多样性还是健全文化生态的保证。在文化发展中，既需要文化的交流与融合，也需要文化的独立和自我完善，而后者是前者的基础。从这个意义上来说，任何一个民族或地域的传统文化都是重要的。没有多样、多元的民间、乡村传统文化的繁荣发展，很难获取文化持续健康发展的内在动力。乡土文化的多样性，来自乡村层次丰富的文化内涵。从乡村物态文化层面上看，乡土文化的多样性来自乡村山水风貌、乡村聚落、乡村建筑、民间民俗工艺品等；从行为文化层面上看，乡土文化的多样性来自生活习惯、传统文艺表演、传统节日等；从制度层面上看，乡土文化的多样性则来自诸如农村生产生活组织方式、社会规范、乡约村规等，以及形塑这些规约的传统的孝文化、宗族家族文化等，它们构成了乡土文化多样性的精神支柱。丰富和补给乡土文化多样性，要认识乡土文化的特色，维护乡土文化的个性。在全球一体化、现代化背景下，文化的同质化现象日趋严重，大量的农村居民实现了地理位置的城市化而成为城市居民，然而他们却丢掉了土地、放弃了传统谋生方式、忘记了来自乡间的传统文化，这也使乡土文化传承困难重重。而大量留守在乡村的居民，也因为城市生活方式对乡村的异化而逐渐放弃了传统生产、生活方式。只有不断丰富乡土文化新内容，才能让乡土文化在薪火相传中不断创新，只有不断补给乡土文化新思想，才能让乡土文化在与时俱进中更具魅力，从而吸引更多的人回归乡村、服务乡村，以新思想、新理念推动多样而丰富的乡土文化进行创造性转化、创新性发展，激活乡土文化的生命活力，赋能乡村文化振兴。

三、坚守和维护乡村文化安全

我国几千年以来的农业文明，遗存了许多风貌古朴、地域特色突出的传统村落，与其交融的乡村文化景观拥有因地制宜的地形处理、适宜的尺度和丰富的肌理变化，堪称一份宝贵的自然文化遗产，具有自然依附性、地域文脉性、内向稳定性、脆弱可侵蚀性和不可再生性等特点。尤其是近年来，随着经济、社会的快速发展及城镇化、旅游业的深度推进，传统乡村文化景观逐渐被侵蚀和破坏，其传统景观的延续、特色文化的维系等问题日益突出。面对新时代乡村文化发展中遭遇的衰落、困境与挑战，保护乡土文化的整体性、活态性，提高乡土文化的文明程度和自信程度，进而提升传统乡村文化景观风险预控能力，改变乡村文化危机引发的乡村生态脆弱性，弘扬和复兴乡村优秀传统文化，实现优秀传统文化与现代文化的融合发展，必将为世界文化多样性发展留下宝贵的文化火种，创造更加辉煌的文明范式，提供人类文明史上文化多元的中国样本，为人类农耕文明的传承、发展与复兴提供有益的启示与借鉴。

随着改革开放和城市化步伐的加快，城市以其独特的诱惑像旋涡一样肆意侵蚀着乡村文明，将乡村文化从乡土场域中抽离出来。所谓乡村文化安全，是指保持乡土文化的主流价值体系、思想观念、风俗习惯、宗教传统、意识形态等免受外来力量的侵犯、颠覆和破坏，保持乡村文化的完整性与独立性。在现代化进程中，城市文化对乡村文化的牵引和抽离，造成了严重的文化安全危机。

（一）乡村文化资源的抽离

过度的城市化导致农村大量的土地、农田和村庄被征用和开发，水土流失和荒漠化现象严重，农民失去了赖以生存的最根本的文化资源——土地，进而使乡村文化的延续和传承面临挑战。乡村文化资源的抽离导致乡村文化遗产遭到破坏，依托乡土文化而传习的非物质文化遗产也面临失传，从而造成一系列乡土文化安全问题。

（二）乡村文化产业的衰落

在乡村的空心化和快速城镇化的双重裹挟下，乡村经济社会发展日益衰落，原本依托特色禀赋发展的产业形态不断遭遇消解，特色文化产业在外来资本冲击、过度商业开发等外部环境挑战中，逐渐被同化，从而失去特色或遭遇变异。究其原因，许多特色文化产业赖以生存的文化资源、文化遗产都来自民间，它们凝聚了群众的智慧并在日常生活中薪火相传，一方面充满了较强的文化认同感和归属感，另一方面延续着难以磨灭的文化记忆和文化共识。乡村作为充满归属感和生活方式共性中的多样性的地域单元和时空坐落，是特色文化产业传承创新的鲜活经验和创新智慧的贮存器，乡村居民一旦脱离原生态的土壤和富集地，将失去光芒。

（三）乡土文化信任的危机

"离土"时代乡村文化断裂，乡村传统文化与生活方式被瓦解，使乡村居民社会交往圈随着人口流动而发生转移，熟人间的互动交往和"关系"疏离并削弱了人际信任基础。信任的缺失、乡土文明的丧失，使当代乡村的内在凝聚力式微，传统价值观缺席，信任危机越发严重。而信任的缺失又使原本高度依赖地缘和亲缘而凝聚的乡村逐渐缺少文化认同。但文化认同是乡村社会得以有序运行的重要基础，文化认同的缺乏及人与人之间、个人与群体之间的文化隔阂，致使当代乡村居民进一步对乡村生活方式、文化行为、思维模式的认可与遵守接受度不断降低。在传统信任关系和信任约束机制日趋消解的现实背景下，如何建立起有效的制度信任及其规范体系和保障机制，实现"弱熟人社会"信任关系乃至农村社会秩序的重构，成为当前乡村文化振兴的重要议题。

第三节　乡村文化振兴的理论缘起

乡村振兴战略的适时制定，是基于中国乡村在近年来的发展和演进中，与城市发展之间呈现出的不平衡、不充分，导致乡村（尤其是中西部地区）衰落的实际状况。从世界各国发展的历史进程来看，许多国家都曾在工业化和城镇化的浪潮下经历乡村的衰落，而又在不同层面、不同程度推进乡村在新起点上的振兴发展，尤以日本、英国、德国、法国等国的经验值得学习。我国实施的乡村振兴战略本质上是回归并超越“乡土中国”，是对近代以来充满爱国情怀的仁人志士乡村建设理想的再实践和再创造，是弘扬中华优秀传统文化的必要手段，是我国建设现代化经济体系的新引擎，更是实现城乡一体协调发展、全面建成小康社会的重大战略举措。中国过去是一个典型的农业大国，中国社会是一个乡土社会，中国文化的本质是乡土文化，因此，在新时代的浪潮背景下，如何走出一条城乡统筹、协调发展的中国特色社会主义新型城镇化之路，振兴乡村显得尤为重要。实施乡村振兴战略，坚持“创新、协调、绿色、开放、共享”五大发展理念，坚持均衡发展、充分发展、可持续发展，对中国走出“中等发达国家陷阱”、建设社会主义现代化强国、实现中华民族伟大复兴中国梦，具有十分重大的现实意义和深远的历史意义。乡村文化振兴是乡村振兴战略的灵魂，是推进乡村全面振兴的内生动力。乡村文化振兴是解决乡村振兴中产业振兴、生态振兴、组织振兴和人才振兴过程中乡村群众主体意识觉醒、解放思想、提升综合素质的关键一环，是推进中国特色社会主义核心价值观融入村民文化思想和价值观念的有力抓手，也是实现中华优秀传统文化走向复兴的伟大举措。

一、乡村振兴的历史溯源

中国文化在本质上是乡土文化，中华文化的根脉在乡村，乡土、乡景、乡情、乡音、乡邻、乡德等构成了中国乡土文化，也使其成为中华优秀传统文化的基本内核。实施乡村振兴战略，是重构中国乡土文化的重大举措，也是弘扬中华优秀传统文化的重大战略。然而乡村振兴战略的思想形塑过程，也一度与乡村的衰败和更迭相伴相生。从纵向上看，乡村成为中国社会兴衰更替的缩影，不同时代的发展特点在乡村社会留下了深深的烙印，一批又一批爱国人士以乡村为基点，寻求乡村振兴与国家强盛的治理之道；从横向上看，日本、英国、德国、法国等发达国家，在发展过程中也曾面临乡村衰落的难题，积极采取一系列措施以促进乡村的振兴与发展。这些爱国人士及不同国家所提出的乡村振兴方略，成为了当代乡村振兴战略的重要理论基础。

回顾历史，自魏晋至唐以来，传统的世家大族开始瓦解，一个家族控制一片区域的现象开始弱化和减少，乡村社会开始向扁平化发展。作为乡村社会核心生产资料的土地，逐渐从传统世家门阀大族的束缚中被解放出来，进而在不同普通家庭中迅速流转，其流转速度和频率也都较之前更快，“富不过三代”“三十年河东，三十年河西”等谚语开始出现并流行起来。随着世家大族的瓦解和土地流转的频繁发生，农民的流动性逐渐增强，传统乡村社会赖以生存和发展的宗法制度逐步弱化并走向衰亡。在这样的背景下，宋代的儒生们渐渐开始思考乡村社会重建的问题，并形成了不同的乡村建设理论。

一是王安石从法制建设的角度创建了保甲法，以期通过这一方式将农民组织固定起来，降低农民的流动性，减少并避免因农民的普遍广泛流动而引发的各种问题。

二是范仲淹从家族经济建设的角度提出了创设族田和义田的主张，族田和义田作为家族的共同财产，通过出租族田和义田而获得的租金，主要用于解决家族中贫困族人的教育、医疗等问题。通过强化家族管理，发展家族经济，解决家族发展中产生的各种问题，以家族的繁荣发展促进乡村社会的振兴与发展。

三是张载从文化建设的角度提出了重建宗法制度，以“管摄天下人心，收宗族，厚风俗，使人不忘本”。通过重建传统宗法制度，修编家族谱系，建立家庙或祠堂，强化分散于各地的村民对同宗、对家族的文化认同，形成互帮互助的宗族意识，从而进一步强化乡村社会的稳定与团结。

宋代以前，受“礼不下庶人”的影响，传统的宗法制度主要存在于贵族社会，一般的劳动人民几乎没有宗族建设，连祭祀祖宗的“宗庙”都不能设立。宋朝时期，由于世家大族逐步瓦解，乡村社会越来越分散、分化，再加上张载等一批儒生的倡导，逐步实现“礼下庶人”，宗法制度逐渐在乡村社会和普通劳动人民中流行开来。随着宗法制度及其他乡村社会重建措施的实施，乡村社会逐渐走向稳定与繁荣。诚如梁漱溟先生所言：“原来中国社会是以乡村为基础，并以乡村为主体的；所有文化，多半是从乡村而来，又为乡村而设——法制、礼俗、工商业等莫不如是。”元明清以后，中国封建社会逐步走向衰落，中国传统乡村社会也随之衰落。

近代，从我国乡村振兴的历史实践看，晏阳初提出了以“除文盲、做新民”为目标，以文艺、生计、卫生、公民四种教育为内容，以学校、家庭和社会教育为形式的平民教育方案，并以河北省定县（今定州市）为试点开展该平民教育方案，形成了乡村建设的定县平民教育模式。梁漱溟认为，乡村是中国文化的根系所在，他所倡导的乡村建设是从根本上调和与沟通中国固有精神与西方文化的长处，并非全盘吸收西方文化，亦非完全坚守中国传统文化。他主张通过设立乡农学校、开展合作运动，加强乡村教育，在中国"伦理社会"的基础上，将原本缺乏的"团体组织"和"科学技术"建立和培养起来，通过重建以伦理为本位的乡村组织，从而实现乡村社会的振兴，并以山东省邹平县（今邹平市）为试点开展了乡村建设的文化复兴模式。卢作孚作为一个实业家，提出乡村建设应以"谋民生、保民享"为宗旨，以经济建设为中心。他认为"中国的根本办法是建国不是救亡，是需要建设成功一个现代化的国家，使自己有不亡的保障"，并以重庆市北碚区为试点开展了乡村建设的实业民生模式。后来，费孝通提出了中国社会的乡土性本色，他指出："从基层上看去，中国社会是乡土性的。"同时，乡村社会还是相对封闭的、聚居的和地方性的熟人社会。乡村社会是相对封闭的、不流动的，这种"不流动是从人和空间的关系上说的，从人和人在空间的排列关系上说就是孤立和隔膜。孤立和隔膜并不是以个人为单位的，而是以住在一处的集团为单位的"。也就是说，乡村社会是以一个又一个相对孤立与隔膜的村庄构成的相对封闭的地方性、聚居性熟人社会。因此，乡土社会在地方性的限制下成了"生于斯、死于斯"的社会，常态的生活是终老乡土。基于乡村社会的这一特点，费孝通先生进一步提出了乡村社会差序格局理论："我们的社会结构本身和西洋的格局是不相同的，我们的格局不是一捆一捆扎清楚的柴，而是好像把一块石头丢在水面上所发生的一圈圈推出去的波纹。每个人都是他社会影响所推出去的圈子的中心。被圈子的波纹所推及的就发生联系。"

从我国乡村演进的理论和实践缘起看，乡村的衰落与振兴是一个交替的过程，是随着社会发展的兴衰更替而呈现的一种对应状态。世界乡村发展和城市化的演进过程亦是如此。例如，从世界范围看，乡村衰落主要体现为"英国羊吃人"和"拉美超前城市化"两种形式。

英国工业革命推动了人类文明的巨大进步，也促进了英国自身的高速发展，但却是以牺牲广大农民利益为代价的。英国在 17 世纪进入了世界强国之列，成为"日不落帝国"，殖民地的迅猛扩大使英国的羊毛生产和纺织品生产获得了巨大的市场空间，殖民统治者为满足新市场需求而强迫广大农民破产，农田变成牧场，农民被迫转化为工人。这便是被史学家称为"羊吃人"的英国工业发展之路，同时是英国农村衰落的根本动因。

拉丁美洲式的乡村衰落——过度城市化和超前城市化方式。拉丁美洲国家独立后城市化速度明显超过工业化速度，甚至有的国家走上了无工业化的城市化之路。拉美国家政府放弃了乡村建设，农民自己也抛弃了乡村家园，大量农民涌入城市，导致城市人口过度增长，城市建设步伐滞后于人口增长速度，不能为居民提供充足的就业机会和必要的生活条件，使农村人口迁移到城市之后没有实现相应的实质性转化，带来严重的“城市病”。除殖民时代建筑的城市中心区域为富人所拥有外，大量贫民则居住在城市周边的“贫民窟”。这些贫民窟成了“脏乱差”和“犯罪”的代名词。拉美国家政府和农民自己都抛弃了乡村，致使乡村严重衰落破败。

乡村振兴的主要途径涵盖了乡村社会治理、乡村经济发展、乡村文化建设等多个方面。土地作为传统乡村社会最主要、最根本的生产资料，传统乡村社会的一切活动都是围绕土地关系而开展的，乡村社会的兴衰更替也几乎是围绕土地的产权关系而发展的。正是因为乡村社会以土地为根本，世代依附于土地而生活，从而形成了乡村社会的乡土性特色，并发展成相对独立与封闭的熟人社会。在传统乡村的熟人社会里，更多是讲究人情与伦理关系，法治并不能起到太大的作用，其社会治理主要依托世代传承与遵循的伦理秩序，以及乡村贤达与德高望重之人的人格魅力。然而，随着现代社会进程的加速，在工业化和城镇化的推动下，传统乡村相对独立的社会空间被打破，在现代化大众媒介的推动下，多元化价值观念迅速涌入乡村，使乡村社会的价值取向开始变得更加多元而紊乱，乡村传统文化岌岌可危。加之市场经济将乡村社会带入全球化浪潮，传统乡村经济面临全球化市场的冲击而变得不堪一击，大量青壮年劳动力及乡村精英的外流让乡村社会愈加衰败。

在世界乡村衰落和城市化快速推进的过程中，如何建设一个美好的乡村、回得去的乡村、令人向往的乡村，成为全球性的命题。从我国来看，乡村振兴正是关系到能否从根本上解决城乡差别、乡村发展不平衡和不充分的问题，也关系到整体发展是否均衡，能否实现城乡统筹、农业一体的可持续发展的问题。回顾新时期乡村振兴思想的演进，从“两山理论”到“记得住乡愁”，从“新农村建设”到“乡村旅游”，以及一系列特色产业扶贫、文化旅游脱贫、优化乡村生态、美化乡村环境的相关举措，乡村振兴的提出也是一个思想演进的过程。

国家在行政管理和具体执行层面也采取了一系列措施推动乡村振兴。

(一)大力推进"美丽乡村"建设

党的十六届五中全会提出建设社会主义新农村的重大历史任务,提出"生产发展、生活宽裕、乡风文明、村容整洁、管理民主"的总体要求。

(二)社会主义新农村建设

党的十七大提出"统筹城乡发展,推进社会主义新农村建设"。在社会主义新农村建设的总体要求下,浙江省安吉县正式提出"中国美丽乡村"计划,出台《建设"中国美丽乡村"行动纲要》。中央农村工作办公室主任陈锡文在考察安吉县后说:"安吉进行的中国美丽乡村建设是中国新农村建设的鲜活样本。"

(三)特色小镇建设

《国务院关于深入推进新型城镇化建设的若干意见》明确提出:充分发挥市场主体作用,推动小城镇发展与疏解大城市中心城区功能相结合、与特色产业发展相结合、与服务"三农"相结合。发展具有特色优势的休闲旅游、商贸物流、信息产业、先进制造、民俗文化传承、科技教育等魅力小镇。此后,住房和城乡建设部、国家发展和改革委员会、财政部等中央部委出台系列文件对特色小镇建设提出了许多指导性意见和工作要求。

(四)大力推进"田园综合体"试点工作

2017年,中共中央、国务院发布的《关于深入推进农业供给侧结构性改革加快培育农业农村发展新动能的若干意见》指出:支持有条件的乡村建设以农民合作社为主要载体、让农民充分参与和受益,集循环农业、创农业、农事体验于一体的田园综合体,通过农业综合开发、农村综合改革转移支付等渠道开展试点示范。同年,财政部下发《关于开展田园综合体建设试点工作的通知》,确定在河北、山西、内蒙古、江苏、浙江、福建、江西、山东、河南、湖南、广东、广西、海南、重庆、四川、云南、陕西、甘肃18个省(自治区)开展试点工作,实现"村庄美、产业兴、农民富、环境优"的目标。

从我国乡村振兴的理论形成和实践过程看,实施乡村振兴战略的本质是回归并超越乡土中国。中国本质上是一个乡土性的农业国,农业国的文化根基就在于乡土,而村落则是乡土文化的重要载体。振兴乡村的本质便是回归乡土中国,同时在现代化和全球化背景下超越乡土中国。从乡村振兴的实践价值看,实施乡村振兴战略是对近代以来充满爱国情怀的仁人志士理想的再实践、再创造。从20世纪30年代以晏阳初、梁漱溟、卢作孚等人为代表发起的“乡村建设运动”到从根本上解决“三农”问题的乡村振兴战略,乡村振兴的理论演进源自乡村发展的实践浪潮,这一探索的过程和思想形塑的方式从根本上解决了目前我国农业不发达、农村不兴旺、农民不富裕的“三农”问题,通过牢固树立“创新、协调、绿色、开放、共享”五大发展理念,达到生产、生活、生态的“三生”协调,促进农业、加工业、现代服务业的“三业”融合发展,真正实现农业发展、农村变样、农民受惠,最终建成“望得见山、看得见水、记得住乡愁”并“留得住人”的美丽乡村、美丽中国。

二、乡村振兴的理论意蕴

乡村文化振兴在全面实施乡村振兴中具有特殊意义并发挥重要作用,它是乡村振兴的智慧源泉和内在动力。乡村文化振兴以产业振兴为基础,又引领融合推动产业发展;乡村文化振兴离不开人才振兴,以文化人、以文养人,为人才振兴培育了智慧土壤;乡村文化振兴强化传统生态文化观,为创建宜居生态提供智慧保障;乡村文化振兴强调民主自治的伦理文化,确保乡村社会的有效、有序治理。同时,乡村文化振兴是对乡村文化衰落的积极应对,为满足乡村群众对美好生活需要提供充分的文化供给,是调节城乡文化发展不平衡、不充分问题的重要举措,在整个乡村振兴战略实施过程中起到极为重要的作用,既是乡村振兴的重要组成部分,更是乡村振兴的思想基础和智慧源泉。

(一)乡村文化振兴是乡村发展理念的根本转变

城市化和工业化的快速发展,在一定程度上造成了当代乡村的衰落。乡村的衰落又使乡村文化不断式微,在数字化和现代化浪潮的裹挟下,逐渐失去特色,削弱自信。乡村文化振兴正是对乡村文化衰落的自我觉醒与积极应对,是文化自信的具体表现。近年来,农民大规模进城务工,农村常住人口锐减,出现大量的“空心村”。随着乡村文化载体的脱域与离散,乡村文化遭遇主体缺失的巨大危机，传统乡村文化在与现代城市文化的交流与碰撞中日益式微走向边缘化，乡村传统文化生态系统遭受破坏，乡村文化的衰落成为必然。实施乡村文化振兴，正是对乡村优秀传统文化的传承、弘扬与振兴，是对乡村社会文化糟粕的抛弃，是重塑乡村文化空间、丰富乡村文化内容、提升乡村文化品质、满足乡村文化需求、增强乡村文化自信的一项创举。

(二)乡村文化振兴为乡村文化服务提供补给

改革开放以来，通过实行家庭联产承包责任制，广大农民的农业生产积极性得到极大提升，尤其是农业税的取消成为国家实施的历史上最强有力的系列惠农惠民政策，极大地解放了农村生产力。中国特色社会主义进入新时代，我国社会主要矛盾已转化为人民日益增长的美好生活需要和不平衡、不充分的发展之间的矛盾。在全国决战脱贫攻坚、决胜全面小康的历史征程中，全国广大农村地区，尤其是贫困地区得到进一步发展，乡村社会的温饱问题得到基本解决。乡村群众在解决温饱问题的同时，对精神文化的需求日益强烈。乡村“两馆一站一室”建设，农家书屋建设，广电村村通、户户通工程，文化信息共享工程等乡村公共文化服务体系建设工程的逐步达标，极大地改善了乡村文化供给侧结构性短缺问题和丰富了乡村文化生活。

(三)乡村文化振兴为城乡协调发展夯实基础

城乡经济、政治、文化、社会发展不均衡问题制约着城乡一体化进程，乡村文化的振兴势必发挥文化软实力，成为调节城乡发展不均衡的突破口。改革开放以来，国家将经济发展重心设在城市，城乡经济收入差距逐渐拉大，城乡发展严重失衡，城乡文化关系断裂，并形成以城市文化为中心、乡村文化边缘化的城乡文化二元结构。近年来，国家致力于推进城乡一体化建设、统筹城乡文化协调发展，都是为了打破城乡二元结构，解决城乡发展不平衡、不充分的难题。乡村文化振兴则是从文化领域着眼于解决城乡间文化地位不均等、文化公共服务供给不平衡、文化产业发展不充分等问题，极大地推动了乡土文化的复兴，促进和谐社会构建，铲除人们在强力市场推动和经济利益驱使下造成的传统文化缺失、道德沦丧、利益至上、拜金主义等与社会发展趋势相悖的不良土壤，从根本上解决发展不平衡、不充分的问题。

(四)乡村文化振兴有利于乡土社会结构优化

从乡村经济社会跃升的层面看，乡村文化振兴有利于推动乡村产业结构优化。实施乡村文化振兴，挖掘、整合具有产业价值的区域特色文化资源，通过创意转化、数字信息技术创新，发展乡村文化产业、创意农业等新兴经济业态，助推第一产业、第二产业、第三产业融合发展，优化乡村产业结构转型升级。实施乡村文化振兴，可促进乡村文化与文化旅游产业、乡村文化与科技、乡村文化与特色农业、乡村文化与特色文化产业的融合发展，有助于推进农业由增产导向转向文化附加值提升，不断提高农业创新力、竞争力，培育乡村发展新动能，加快传统农业向现代农业的跨越转变，促进乡村脱贫致富，实现乡村可持续发展。

三、乡村振兴的理论关联

乡村振兴是乡村产业振兴、乡村人才振兴、乡村文化振兴、乡村生态振兴和乡村组织振兴“五位一体”的振兴，体现了乡村经济、社会、文化、生态和政治建设，是一种相辅相成、协同创新的发展关系。乡村文化作为乡村全面振兴的黏合剂与内生动力，乡村文化振兴作为乡村振兴战略的有机组成部分，具有重要的引领和推动作用。深刻理解、准确把握“五大振兴”之间的相互关系，有利于科学把握乡村振兴战略的总体目标要求和宏观战略定位。

(一)乡村文化振兴与乡村产业振兴的关系

文化是一种重要的生产力。尤其是文化产业化与产业文化化的新时代，文化既可作为产业的生产资料，又能作为产业创意转化的原动力。乡村文化振兴与产业振兴是相辅相成、不可分割的，文化振兴是产业振兴的思想保障，产业振兴是文化振兴的物质基础。我国乡村社会拥有丰富和多样化的文化资源，乡村社会特有的农作物、农业器皿、乡村建筑、传统的生产生活技术、乡村风俗及田园景观、自然风光以及地方化的饮食、服饰等文化资源都是发展文化产业、推动乡村旅游的重要和独特资源。从这一维度看，乡村特色文化产业与文化旅游产业是推动乡村文化与产业双翼齐飞的重要路径，在这一发展路径中，乡村产业的可持续发展是充分条件，乡民综合文化素养是不可或缺的必要因素。只有乡村产业不断发展与繁荣，才能为乡村文化振兴提供资金支持和创造发展空间，而乡村产业振兴必然要求乡民思想观念的与时俱进和文化综合素养的提升，乡民文化素养、思想观念的提升又进一步促进了乡村产业的升级和经济结构的优化。

乡村文化振兴与产业振兴以乡土文化为内核，以乡村资源为纽带，相互促进，互为补充，为乡村提供了文化资源依托型的特色文化产业振兴之路。依托乡村社会多元丰富的特色文化资源，如自然人文景观、历史文化资源、民俗节庆文化、民族手工艺等，打造极具地域特色和民族特色的特色文化产品和文化服务，借助数字化网络平台，搭借文化旅游业的快车，通过创意转化实现乡村文化与产业的深度融合发展，已成为乡村振兴的重要路径。而将乡土文化中极具农耕文明特质、地域特点和民族特色的文化元素与符号整合到农业生产活动、农产品加工制造、农业观光旅游、农事体验等相关产业中，赋予这些产业更大的文化意义，用创新创意思维推动现代农业产业的升级换代，实施创意农业与大地艺术相融合，推动田园综合体建设、特色小镇建设与乡村文旅融合发展，也成为当代乡村探索文化赋能产业振兴之路的重要选择。

（二）乡村文化振兴与乡村人才振兴的关系

人才是实施乡村振兴战略的智力保障，更是乡村文化振兴的关键因素，乡村人才是实现乡村文化振兴的中坚力量。实施乡村文化振兴，要强化乡村文化供给，在乡村社会营造良好的文化氛围，创造丰富的文化生活，让乡村之外的人愿意来、留得住。近年来，随着乡村青壮年劳动力大量涌入城镇务工，种地能手、能工巧匠、民间艺人、乡村教师、乡村文化人等优秀人才也不断流失，致使乡村出现了人才奇缺、技艺断档。实现乡村文化振兴，离不开乡村人才的回归、发现和利用。推进乡村人才振兴，是实现乡村文化振兴的重点和关键。乡村产业振兴、文化振兴需要本土艺人、工匠、新乡贤、回乡创业人员、乡村知识分子及社会各界人士的智慧与能力，乡村振兴亟须构建一支懂农业、爱农民、爱农村的多元化专业化的人才队伍。整合乡村内外部文化人才投身乡村建设是推动乡村人才振兴的关键。所谓“一门手艺能带活一个产业，一个手艺人就能带活一片乡村”，乡村艺人、工匠、文化能人、非遗传承人、乡村知识分子等具备一定文化技能和较高知识水平的乡村本土文化人才，既是乡村优秀传统文化的传承者与守护者，也是实施乡村文化振兴、实现乡村优秀传统文化现代化发展的建设者和推动者。

中华优秀传统文化之所以得以延绵数千年不断、薪火相传，正是得益于广大乡村的优秀文化人才，传统社会中把他们统称为“乡贤”，他们是乡村优秀文化的代表。新乡贤既可以是生活在乡的本地人，也可以是身居他乡的多元化精英人士，还可以是热心公益事业的志愿者。不同于传统乡贤，新乡贤有着明显的政策导向性，而被称为新乡贤的大多是在城市社会、某一领域已具有较为丰富的资历、威望和资源的社会精英，他们的“回归”是由地方政府招引的结果。新乡贤是乡村文化振兴的核心人群，是乡村文化振兴的引领者，是传统优秀民族文化的挖掘者与弘扬者，是中国特色社会主义核心价值观在乡村文化振兴中的传播者。新乡贤人才培养战略是解决乡村人才供给与需求之间矛盾的重要路径选择，是国家通过政策进行人才引流的重要举措。

（三）乡村文化振兴与乡村生态振兴的关系

正所谓“一方水土养一方人”，区域独特的生态环境孕育了各地区风俗习惯迥异的人们及其特色文化。不同的地理环境影响着人们不同的生产生活方式，形成了不同的文化类型。生态文明是人地关系的集中体现，是人类对自然调适过程中所形成的特有文化现象。文化与生态有着天然的联系，生态造就了文化，文化影响着生态。在人类漫长的演进史中，通过适应自然、利用自然、改造自然，不断推进工业化、城市化的进程，创造出更新迭代的人类文明。习近平总书记在党的十九大报告中倡导“为把我国建设成为富强民主文明和谐美丽的社会主义现代化强国而奋斗”，建设“美丽中国”，这就意味着中国自古提倡“天人合一”的生态文化观在我国得到重新认识与高度重视。儒家、道家皆对天人关系有过相近的表述，如孔子的“仁”、张载的“天人合一”命题、老子的“人法地，地法天，天法道，道法自然”、庄子的“天地与我并生，万物与我为一”等。古代朴素的生态文化观都反映了一种观念，即人与自然的共生关系，这种观念至今蕴含在我国乡村文化中。

“乡村是生态文明的宝库，生态理念体现在乡村的各个构成要素之中，形成完整的乡村生态文明体系，涵盖了生产方式、生活方式、社会关系及包括信仰、习俗在内的乡村文化等各个方面。”在农业生产方面，通过种植与养殖的有机结合与循环利用，以动物粪便作为农作物天然的养料，既保障了农作物的养料需求，又解决了农村生产垃圾的问题，实现了农业生产的循环利用与生态发展。在生活方式上，不论是蒙古包式的居住方式，还是川西北碉楼式、滇西北高寒地区的井干式、滇南炎热潮湿地区的干栏式及北方地区普遍的合院式居住方式，从村落选址、房屋选址、房屋材料选择到空间布局、结构设计等，无不体现出自然环境与对区域独特文化的相互影响和交融。在文化信仰方面，很多村寨在群体意识下制定与生态保护相关的乡规民约、家族家规等，这种朴素的自然观很大程度上也源于人与环境的天然联系。可以说，敬畏自然、顺应自然、与自然和谐相处的生态理念一直融合在乡村传统社会里。而随着"生态宜居"的治理理念融入乡村发展，乡村振兴对乡村生态提出了更高层次的要求，这是对传统"天人合一"生态文化观的召唤与继承，是重构人与自然和谐共生关系的时代价值体现。这要求广大基层建设者和群众牢固树立"天人合一"的生态理念，挖掘传统文化中所蕴含的生态智慧文明，传承和弘扬新时代生态文化观，为振兴乡村文化与乡村生态提供强大的智慧支撑。重新修复被破坏的山川河流，充分利用各民族传统知识系统中的生态价值观，重新审视乡村生态环境变迁的历史，回归自然和谐的人地关系，用乡土文化知识进一步合理地调适与自然生态的关系，真正使绿水青山变成金山银山，营造乡村良好的生态环境，使乡村的山更青、天更蓝、水更清，真正成为生态宜居的美好家园。

（四）乡村文化振兴与乡村组织振兴的关系

传统乡村的政治秩序依赖乡村文化网络中蕴含的乡村文化权利和自治实践，这种借由文化权利所形成的柔性和简约治理方式是几千年来中国乡村社会有序统治的密码。这是因为中国传统社会是一个县以上实行郡县制王朝管理，县以下基本以血缘纽带为基础的宗法制下的乡绅治理结构。这些乡绅主要是告老还乡的朝廷官员、有一定学识的乡村读书人、德高望重的寨老或族长等，他们凭借广泛的社会资源、较高的知识水平或者强大的权威力量，成为乡村社会治理的重要力量和联结村落与外部社会的重要纽带。在乡绅的组织与管理下，村落群体因地域、血缘关系凝聚形成共同的文化价值与情感认同，即乡村文化共同体。乡村文化共同体往往以"有形"的宗族等组织为依托，通过组织聚会、活动等形式，教化与强化乡村居民"无形"的文化观念、价值认同和情感归属，对内维持着乡村社会的稳定与发展，对外完成了统治阶级分派的各项任务。

在乡村治理中，伦理文化始终是引导乡村风气和凝聚乡民人心的重要内在力量。新时代的乡村致力于成为一个“治理有效”、文明有序的乡村，伦理文化是乡村自治的核心所在。坚持自治为基、法治为本、德治为先，发挥伦理文化在乡村社会治理中的功能，构建“自治、法治、德治相结合”的乡村治理模式，走乡村善治之路。乡村振兴中，特别强调村民的主体意识培养和主体责任担当，要让广大村民成为乡村振兴，尤其是乡村文化振兴和组织振兴的积极参与者、责任者，更让他们有归属感、获得感、幸福感。因此，乡村组织振兴必须是基层干部在管理思维和管理模式上的根本性转变，由管理型组织转变为服务型组织，为乡村群众营造民主、自由、平等的社会环境，积极引导群众表达最真实的利益诉求，培养群众的法治观念和诉求表达意识。通过实施乡村文化振兴，充分挖掘传统乡村社会丰富而深刻的乡村组织模式和治理智慧，结合新时代乡村社会变迁与发展实际，发挥乡规民约的自我约束和乡村舆论的文化监督作用，依托新乡贤的权威与感化，将乡村自治、法治与德治有机结合，探索建立推动新时代乡村社会健康发展的组织形式，推动乡村组织振兴与乡村社会全面发展。

第二章

当代中国乡村文化现状

第一节　当代中国乡村文化的没落与沉寂

中国传统乡村的衰落，是从近代开始的，主要表现在两个方面：一方面是自然村落的消失，另一方面是文化的衰落。综观中国传统乡村衰落的原因，一方面是由于现代工商业的冲击和城镇化的进程，另一方面是由于中国乡村精英文化的衰落。

一、中国乡村“精英”的衰落

（一）中国乡村“精英”的构成

中国古代乡村的社会层次是以权力、声望和土地资源的多寡划分的。因此，一般来说，知识分子、地主或宗族领袖这三类人群在乡村中的社会地位较高。其中，掌握知识的乡绅成为乡村社会地位最高的“精英”人群。这类人群一般由曾经科举出仕为官，退休后返乡，或曾经考过科举的秀才、举人甚至进士等组成。拥有乡绅身份的人，在乡村中往往是教育文化事业的领袖，或掌握一定的文化话语权，是乡村“精英”文化的代表人群。

乡绅是古代乡贤的重要组成部分，其在维护乡村秩序和礼仪的规范化等方面发挥着举足轻重的作用，也是传承精英文化的主要人群。

（二）清朝末年科举制度的衰落

清朝末年，清政府废除科举制度。随着科举制度的废除，乡村的“精英”阶层不能再通过科举制度取得功名进入上层社会。不久，近代新式教育在城市中兴起，乡村年青一代的读书人不得不到城市中求学，接受新式教育。当时正处于社会思潮变革时期，年轻的知识分子接受新式教育后，不愿再返回农村，从此在城市定居下来，致使乡村“精英”知识分子出现了历史上的第一次大量外流，导致了一系列严重后果。

首先，随着新式教育在城市的兴起和科举制度的废除，乡村教育质量大幅度下降，乡村文化的整体水平也渐渐落后于城市。

其次，乡绅弟子在接受新式教育或到西方留学后不愿回乡，使得乡村原本由乡绅掌握的基层政权体系开始地痞化，对整个乡村的基础治理结构产生了极大影响。

（三）近代乡村“精英”的衰落

随着军阀割据局面的加剧、列强的侵略以及自然灾害频发，乡村生活日益艰难。此时，昔日在宗族或乡村基层管理中担任职权的乡贤或乡绅纷纷引退。乡村中的实权阶层由原来重视道德、受人尊敬、为民谋利的乡贤群体，变成了追逐个人经济利益的群体。这一群体只看重利益和权力，而不顾乡村文化的传承。乡村中绝大多数乡贤都退出了乡村政治，从此，中国的乡村文化得不到新时代的汲养，开始趋向于保守和封闭。只有少数乡村中的精英阶层留在原有位置上。

（四）中华人民共和国成立以来乡村精英的发展

中华人民共和国成立后，随着大规模土地革命，土地公有化，乡村中的政治、经济和文化均处于国家的统一计划体制之下，这一时期的乡村“精英人群”为政治主导型人群。

改革开放后，乡村中涌现出了一大批经济、生产或社会“能人”，这些能人打破了乡村原有的“政治精英”格局，形成了以农民企业家、村干部、宗族领袖为代表的新式精英群体。

二、当代乡村文化建设中的问题和困境

（一）传统乡村文化现状及问题

近代以来，随着商品经济的发展和城镇化进程的加快，传统乡村文化遭受

了巨大冲击，尽管现在已经历了近百年的发展，中国乡村传统文化仍然面临着三大危机。

1. 传统乡村文化秩序混乱

传统乡村文化中存在农业生态、农村精神以及农村民俗三个部分，这三个部分分别从生产、精神以及行为三个层面入手，绘制了中国传统乡村社会的生活画卷，成为维护中国传统乡村社会发展的文化力量。然而，这三个层面均存在不同程度的危机。其中，在农业生态方面，我国传统的农业讲究套种间作、休耕轮作以及利用生物群体的特点来进行养殖，主张崇敬自然，“不涸泽而渔，不焚林而猎”，在这一生态农业理念的坚持下，数千年来，中国农业形成了一个完整的、生态化闭环，保持着可持续化的良性发展，强调对资源的循环利用。然而现代农业生产中，为了提高农作物产量、减少病虫害，滥用化肥、农药的情况屡屡发生，农村生态环境遭到大规模破坏，数千年来形成的人类与自然和谐相处的生态秩序正在遭遇前所未有的危机。在传统乡村的精神文化秩序方面，传统乡村中的精神文化是一种农村熟人社会中通用的行为准则，如和睦乡邻、亲善相容、相互扶持和帮助等。然而，现代农业社会中，随着商品经济等多元文化的冲击，传统乡村中的熟人文化思想正在被打破，传统社会的精神秩序也面临着瓦解。农村民俗规范秩序是通过传统的乡规民约、节庆礼仪等自发形成的一种维护乡村社会秩序的规则。然而，随着国家政策、制度对农村的影响越来越大，传统农村中的民俗规范正在面临危机。

2. 传统乡村中的文化存续危机

传统乡村文化是中华传统文化的重要组成部分，历史上，不同地域、不同气候的乡村形成了丰富多彩的特色文化。然而，现在传统的农耕文化面临解构，对村规民约或家风家训等民俗文化的认同感大大下降，传统的技艺面临消失，这些都成为影响传统乡村文化存续的关键。

3. 文化功能退化危机

中国传统乡村文化是服务于社会生产、生活的文化，是一种活的文化。现代社会中，乡民可以通过多种手段欣赏到各式各样的文化，而中国传统乡村文化却因长期不更新得不到青年乡民的喜爱。

(二)现代乡村建设的现状和问题

乡村文化是依附乡村的整体环境而存在的，新中国成立后，乡村的生产经历了大发展时期。然而，改革开放后，城市发展突飞猛进，越来越多的政策和资源开始向城市倾斜，乡村建设出现一系列新问题。

1. 农村的基础设施落后

一个地区的建设与发展对于基础设施有极强的依赖性，城市的发展依赖交通和通信。中国历史上许多城市的发展都是依靠交通而发展起来的。例如，古代京杭大运河的修建带来了周边城市的繁荣，京杭大运河因淤塞而停航后，那些繁荣起来的城市又重新归于沉寂。又如，现代大都市上海原来只是黄浦江边的一个小渔村，随着码头建设迅速发展成为中国最繁华的都市之一。再如，河北石家庄被称为“火车拉来的城市”等，这说明基础建设尤其是交通建设对于地区发展具有重要作用。相较于交通四通八达的城市来说，当代中国乡村的基础设施建设远远落后于城市。因此，改革开放后，许多乡村地区将“要想富多修路”作为标语，加强乡村基础设施建设。虽然乡村道路建设取得了相当大的发展，然而其他基础建设相比于城市仍然有较大差距，这些差距成为乡村建设相对落后的原因之一。

2. 乡村的土地流失严重

随着城镇化的推进，乡村的土地资源逐渐被吞噬，其原因有三个：

(1)农村违规建房越来越多

改革开放以来，富裕起来的农民开始拓展宅基地，将农田变为住宅，一户多宅现象严重。尤其是位于城市郊区的农村一带，存在大量通过在原有住宅上加盖或拓展宅基地盖房后，出租给在城市中打工的人群，从而导致农村郊区的耕地数量不断减少。此外，随着农村养殖业的发展，农村占用耕地搭建厂房养殖越来越普遍，农村耕地占用现象严重。

(2)国家征地

随着城镇的发展，其规模不断扩大，越来越多的农村耕地被征用后用来建造房屋、道路或工厂，农村耕地大量流失。

(3)生态环境遭到破坏

由于大量重污染工厂的修建，导致城郊地区的水质、土壤以及空气受到极为严重的污染，生态环境遭到破坏，严重吞噬着农田和耕地。

上述三个原因导致我国农村的土地流失现象越来越严重，农村失地人群越来越多。

随着土地流失，失地人群越来越多。然而农村基础建设相对落后，无法容纳大量的失地人群就业,大量的中青年劳动力只好流向城市。大量中青年进城务工,导致农村中的空巢现象以及儿童留守现象日益普遍。乡村中的主要劳动力从中青年群体变为老年群体,乡村地区缺乏年轻劳动力导致农村的年龄结构出现断层,进而导致乡村的衰落。

3. 中国农村基础教育落后

中华人民共和国成立初期,我国实施九年义务教育体制,随着农村人口的膨胀,大量乡村学校建立,农村教育水平也得以逐渐提高。然而与城市相比,我国农村地区的教育设施与教育资源仍然不够充足,农民受教育的机会相对较少,受教育程度相对较低,农村中接受高等教育的人群相比于城市数量低很多。接受高等教育的农村学生,大多以此作为进入城市的敲门砖或跳板,毕业后多进入城市务工,很少再回到农村。农村中的大量受教育人群流失,而城市中原有的知识分子则由于农村基础设施落后以及生存条件艰苦而不愿下乡,这些反过来又制约了农村地区基础教育的发展。

近年来,农村中的受教育人群数量大大减少,大量乡村学校出现空置化,乡村优秀师资流失,师资水平下降,导致乡村的基础教育水平与以前相比有所下降。与此同时,全国农村经济发展不平衡,导致不同地区的农村文化发展出现了区域不平衡现象。经济相对发达的农村地区,基础教育和文化建设得到了长足的发展,乡村地区的受教育水平和乡民的精神状态得到相应提高。然而中西部地区由于经济发展相对落后,对基础教育和文化重视力度不足,导致当地的基础教育落后,出现乡村文化发展中的"马太效应"。

(三)乡村文化面临的困境

改革开放以来,随着生产力的提高,先进的生产工具和生产技术陆续用于农业生产,农村中原有的劳动协作关系被打破,越来越多的劳动力从原来的劳动中被解放出来流入城镇,现代乡村文化迎来了新的变化,面临着新的困境。

1. 乡村中的文化人才大量外流

随着农村生产力的发展和中国教育体制的完善,农村的教育水平逐渐提高,然而受到高等教育的人才更倾向于在城市发展,导致农村的文化人才大量外流。同时,随着生产工具的改进,土地耕作中需要的劳动力越来越少,富余劳动力越来越多,导致大量中青年外出打工,农村中的技术人才也因此流入城市。

相比于城市,农村的发展水平相对落后。尤其是近年来,城市人口数量和发展水平的高低成为国家发展水平的重要标志之一，导致政府在资金和技术上更倾向于支持城市的发展，而农村由于缺少资金和技术，发展极为缓慢和落后。相比于城市中的发展机会和发展空间，农村中的发展空间相对狭窄，导致大批从农村出来且受到高等教育的人才在农村无用武之地，只能流入城市。由此形成了恶性循环，使得农村中的文化人才越来越少。

2. 现代学校教育对传统乡村文化产生巨大冲击

在传统乡村中，教育存在两个不同的阶段。

(1)蒙童教育

蒙童教育多采用儒家的经典著作作为孩童的启蒙读物，这与传统的家风家训中的儒家思想是相对统一、互相印证的，有利于乡村地区的孩童从小养成良好的作风和习惯。

(2)科举教育

科举教育中的教材和教育结果，也以儒家经典著作的解读为主，考查学生为人处世、治学、治国等方面的能力，这与传统家风家训中的齐家、治国、平天下的思想一致。现代学校教育引入了西方的教育系统，教材在不同的教育阶段引入不同的思想。而且现代教育中的科学教育，如数、理、化等学科与传统教育中以文为主的教育思想有很大区别。家庭教育中，由于父母外出打工，家风家训的传承方式和传承环节缺失，导致传统家风家训在现代家庭教育中缺位。此外，受传统的乡约乡规以及民俗文化缺失等影响，传统乡村文化出现断层。

3. 乡村文化与城市文化发展脱节

在清朝晚期以前，中国的乡村文化与城市文化发展相对较为均衡，乡村文化受家风家训、乡规乡约以及传统农耕文化的影响，发展较为先进。然而，随着科举制度的废除和城市现代教育的兴起，乡村文化发展环境遭到了极大破坏，其文化发展渐渐落后于城市。

中华人民共和国成立后，尤其是改革开放以来，城市取得了突飞猛进的发展，与此同时，城市文化发展迅速，远远超过农村文化，城市经济与乡村经济的差距逐渐拉大，导致城乡文化发展呈现出二元经济模式。一方面，乡村文化与城市文化发展脱节，造成两种文化不能有效地沟通和交流，从而产生城乡文化鸿沟；另一方面，城乡经济发展的巨大差异，导致城市文化成为社会上的主流文化和强势文化，其流入农村地区后，农民有意识地模仿城市文化，然而，盲目地、不加分辨地全盘模仿却导致原有的乡村优秀文化流失，城市劣性文化在农村大行其道，影响乡村优秀文化的传承和发展。

4.政府对乡村文化的重视力度不足

随着科技的进步,现代城市文化建设获得了长足的发展,与之相比,农村地区的文化管理却相对薄弱。

(1)乡村文化建设中基础建设薄弱

相比于城市文化建设中的图书馆、文化馆、科技馆等基础设施,农村的文化建设显得薄弱许多。中华人民共和国成立初期,我国的乡村文化基础建设处于“一穷二白”的状态,改革开放以来,我国部分乡村陆续建立起了文化馆、农家书屋,购买了电脑、电视等设备。近年来,国家相关政策要求每个乡镇均需建设文化活动中心,村村建立图书室,并且开展了“文化惠民工程”。然而,当地政府由于财政困难,难以落实相关政策,而已经建成的文化图书室则因为图书数量、质量等问题,难以满足乡村地区的需求而沦为“面子工程”。此外,许多乡镇中也存在将“文化惠民工程”中所购买的电脑、投影仪等设备挪为他用的现象,使得乡村地区的文化设施管理相对落后。

(2)乡村文化建设中缺乏专门的管理人才

乡村中的文化场馆管理大多由乡镇干部兼职,其中大部分乡镇领导干部对于文化建设开展工作没有思路,造成日常管理不规范的现象严重。其中,许多地区的文化图书室管理员由村干部兼任,其开放时间全由村干部的兴致和重视程度决定,而且大部分乡村的图书室宣传不到位,导致借阅力低下。此外,文化管理人才的缺乏还导致乡村的体育、娱乐事业发展缓慢,影响乡村地区体育文化与娱乐文化的发展。即便有的乡村中有文化建设的专业人才,也由于受重视程度低,导致乡村文化尤其是文艺人才流失严重,乡村地区的文娱活动处于自发的涣散状态。

(3)乡村文化建设缺乏系统、长远的规划

专业文化人才缺乏导致农村地区的文化建设相对单一,缺乏长远的文化建设规划,更偏重于一时一地的文化活动和文化建设。其中大部分文化活动属于乡村经济建设中的“锦上添花”活动,没有发挥乡村文化应有的力量和作用。

5.乡村文化资源滞后,缺乏创新

受传统乡村文化的影响,乡村中的民俗文化等资源,仍以传统农业的社会习惯或农民思维习惯为主,缺少创新性。这就使得原有的乡村文化无法适应当代农村发展的情况,旧有文化与当代乡村脱节,新的乡村文化没有出现,从而严

重阻碍乡村文化的发展。

三、当代乡村文化衰落的后果

文化是一个国家或地区发展的核心价值，文化振兴，则地区发展迅速；文化衰落，则会导致一系列的严重后果，反过来影响一个地区的综合发展。乡村文化的衰落也导致了一系列严重后果。

（一）当代乡村文化衰落导致的乡村困境

1. 乡村文化衰落导致农民工现象出现

城乡经济的差距直接导致大量农村剩余劳动力向城市转移，其中最具有代表性的即为农民工群体。农民工群体的受教育程度相对较低，其中大部分为小学或初中文化，只有少部分人群接受了高中文化教育。其来到城市后，大多从事体力劳动，获得相对较低的劳动报酬。农民工群体为城市带来了大量的廉价劳动力，使城市获得发展中所必需的劳动人口红利。与此同时，进城农民工长期在城市生存，只有农忙时节或过年过节才回到农村，其在身份上具有工人和农民的双重身份，在城市中获得生存资源，然而在社会关系中却与农村的亲属保持联系。然而，由于收入的增加导致原有的乡村伦理被打破，成为乡村文化衰落的一个促成因素，农村文化对于这类人群的凝聚力相对下降。对于农民工群体来说，他们不甘心留在农村建设和发展，同时也不属于城市，无法融入城市正常的生活，而是一直游走于农村和城市的边缘地带，这一人群的发展和规划成为乡村建设的困境之一。

2. 乡村文化衰落导致乡村家庭衰落

传统乡村的家庭结构是老、中、青、幼多个年龄层的综合体，这也是一个健康合理的社会所必需的年龄结构。然而，随着中国乡村的衰落，大量劳动力外流，传统的农耕文化遭到破坏，现代商品经济社会对传统的家风家训产生巨大的冲击，这些均导致中国农村家庭趋向衰落。乡村家庭中的中青年群体进城务工，导致大量空巢老人和留守儿童独自在农村生活。而空巢老人独立生活中缺少必要的子女关怀和抚慰，无法享受天伦之乐；同时，大量的留守儿童缺少父母的关怀和教育，产生了一系列的家庭问题与教育问题，使得家庭文化教育难以为继。此外，家庭衰落直接引发农村衰落，农村衰落又导致农村进城务工人员的增多，从而引发恶性循环，成为困扰农村发展的巨大障碍。

3. 乡村文化衰落导致乡村传统生活方式的消亡

传统乡村是一个由农田、山水和人类共同组成的生态综合体，自古以来，拥有农田、庭院、池塘、鸡舍的农村田园风光是最能打动人的生活画卷，还产生了大量的田园诗作。然而，随着乡村文化的衰落，传统的乡村生活方式逐渐瓦解，乡民们不再“日出而作，日落而息”，而是向半农业半城镇化的生活方式发展。一方面，大量农民背井离乡使得大量土地荒芜，大量村庄成为空心村，乡村的田园风光也不似从前；另一方面，大量乡村将独具建筑风格的房屋拆除，建设了大量外观类同的楼房，农村人“上楼”过上了城市人的生活。另外，受到外来文化的侵袭，有着本地特色的乡村文化成为农村人眼中“老思想”“落后”的代名词，农村传统文化因而被抛弃或被改造，这些均导致传统乡村生活方式的消亡。

(二)当代乡村文化衰落导致的儿童教育问题

随着城乡发展不均衡现象的加剧，大量乡村中的农民抛却土地，变身为农民工，加快了乡村社会的凋敝与衰落。

一方面，在传统乡村社会中，农民是乡村文化的组织者和传播者，然而随着大量中青年进城务工，乡村文化缺乏中坚力量的参与，从而在客观上被边缘化。另一方面，农民乡村文化的传播者缺位，导致儿童无法传承到内涵丰富的乡村文化，缺少民间故事与歌谣的熏陶，导致亲情、乡情缺位。此外，传统乡村教育的发展受到现代社会因素的影响以及城市教育和文化的冲击，使得乡村原有的文化逐渐衰落和解体，进而导致现代乡村中出现一系列儿童教育问题。

1. 现代乡村教育导致儿童的反乡村意识

现代乡村中存在两类儿童，一类是父母均在乡村发展，家庭人员齐全的儿童；另一类是父母外出务工，儿童跟随祖父辈群体在乡村生活，缺少父母关爱的儿童。无论是哪一类儿童，在现实生活中都存在传统家庭教育缺失，依赖乡村学校教育的现象。现代乡村学校教育与城市学校教育使用同一教材，其本质上是一种“城市导向型”教育，这类教育的特点是以城市文化作为参考物进行教育文化影响。因此，对于生活在乡村的儿童来说，书本中有大量的内容在乡村中是缺失的。例如，语文教育教学中涉及许多课外活动，其中有到公园游玩或参加体育比赛或学习某种特长或参观科技馆、展览馆等，对于生活在乡村中的儿童来说，这些课外活动中提及的特长或基础场馆设施在乡村中是缺失的、不存在的，这就导致儿童对于乡村、乡村生活产生片面的认识，如“落后”“贫穷”“愚昧”等，从而对城市生活产生向往，思想中有“反乡村意识”，渴望长大后离开生长的乡村环境，进入城市。此外，这种统一的、以城市文化作为参照体系的教育思想，也使得乡村儿童因缺少书本中提到的必要的活动展开方式而产生严重的文化不自信现象。

此外，现代乡村生活中电视、网络等与外界联系和沟通的媒介也比较普遍。乡村儿童在缺少父母监督和关爱的环境中长大，对于电视和网络上的节目不能加以筛选和分辨，从而导致乡村儿童在扩大视野和知识面的同时产生了“反乡村意识”。例如，在现代的电视、网络中存在大量以城市生活方式或城市文化为蓝本而制作的电视剧、综艺节目等，其内容与乡村生活缺少联系，其语境与文化也是纯粹的城市生活场景，与电视节目中的繁华、光彩夺目的生活相比，乡村生活显得乏味和无趣。这无形中加深了乡村儿童对城市生活的想象和向往以及对将来逃离乡村生活的渴望。这一点在留守儿童中表现得更加明显，留守儿童的父母长期生活在城市，在与父母交流中，其父母也希望留守儿童长大后脱离乡村生活，成为新一代城市人群。以上这些因素均导致儿童对于城市文化的向往，对于乡村文化潜意识的抵制，加强了儿童的“反乡村意识”，而儿童的“反乡村意识”又加速了乡村以及乡村文化的衰落。

2. 乡村文化衰落导致儿童性格缺陷

在普通家庭中，父母是儿童的第一任老师，也是儿童情感寄托和性格形成的最关键角色。然而，在现代乡村中，随着乡村中青年人才流入城市，越来越多的儿童成为留守儿童。一方面，父母尤其是父辈在生活中的“缺席”，导致留守儿童受到来自父母的关爱缺少；另一方面，老一辈的家庭教育以及社会经验随着乡村的发展与变革渐渐失效，导致老一辈在教育留守儿童时丧失权威地位。老一辈受精力、时间以及能力所限，不能给予留守儿童足够的关爱，从而导致留守儿童在心理上和情感上的寄托长期缺位。家庭角色的长期缺位，导致家庭结构不完整、家庭教育缺失，这些都极大地影响着儿童的心理健康。因此，留守儿童常常表现出早熟以及感情淡漠的特点，这些特点的内在原因均是缺乏安全感。留守儿童的早熟现象，常常表现为较早独立或童年较早结束。其原因往往在于，父母长期不在身边，留守儿童不能像其他儿童一样在父母面前撒娇任性，而照顾留守儿童的通常为祖父母或外祖父母，其更多的关注点为儿童是否吃饱穿暖，而没有足够的精力照顾到儿童的情感，留守儿童长期处于这种缺乏心理关怀的环境中，通常会快速成长起来，用成人化的思维来理解问题、看待世界。

另外，儿童的感情淡漠现象也较为严重，由于父母长期不在身边，大部分父母不能与留守儿童进行密切的心理沟通，见面后要么出于亏欠心理一味纵容，要么严厉对待儿童，导致儿童与父母感情相对淡漠。无论是早熟还是感情淡漠，均会导致一系列儿童的性格缺陷，如自卑、怯懦、缺乏安全感等，这些均不利于儿童的成长，更不利于乡村人才的培养。

3. 邻里关系陌生化导致乡村中"乡愁""乡情"情结的缺失

随着大量中青年进城，原来的乡村人口结构发生了巨大的变化，曾经传统的乡村熟人社会，随着务工人员收入变化、搬迁等，旧有的乡村中和谐、稳定的伦理关系被打破，熟人社会逐渐向半熟人或陌生人社会发展。居住于乡村中的老人和留守儿童与外界的沟通逐渐被电视、网络取代，交流或沟通不及时，导致邻里关系由原来的亲密无间逐渐变得疏远和淡漠，从而出现了矛盾冲突等不和谐的情况。此外，随着电视、网络的普及，原来乡村的大众娱乐活动逐渐被独自在家看电视或上网的行为取代，乡村间不再依靠传统的口耳相传获得资讯，而是通过电视等现代化媒体获得资讯。随着邻里关系的淡漠和疏远、群体性的娱乐活动消失，乡村中传统的约束乡民的道德规范逐渐失去作用，而受到社会上感官化、低俗化以及金钱崇拜的影响，乡村陷入严重的文化危机以及伦理危机，这些影响了乡村环境对于儿童成长的道德熏陶和人格养成，使儿童在成长中失去了"乡愁"和"乡情"的感化和引导，导致儿童对乡村生活没有产生特殊情感，长大后容易"叛逃"乡村。

4. 乡村中劣性文化影响儿童正确价值观的形成

随着传统优秀乡村文化的解体，乡村中的迷信、赌博等劣性文化抬头，且呈现出不断蔓延的态势。此外，乡村中还存在许多低级趣味表演。这些劣性文化均会影响儿童正确价值观的形成。

5. 乡村教育割裂了儿童的乡村体验

教育离不开生活，生活是教育的一部分，留守儿童生活在乡村中，理论上能够潜移默化地受到乡村文化的影响，然而，少数现代教育却割裂了儿童对于乡村文化的传承和体验。这一点表现在以下两个方面。

一方面，随着九年义务教育的普及，学校教育逐渐取代家庭教育与乡村自然经验教育成为乡村中最主要的教育方式。然而学校教育是以升学为目的的教育，其课本知识是脱离乡村生活而存在的，这就形成了学校教育与乡村自然经验教育的冲突。随着学校学习压力的增大、学习节奏的加快，以及考试竞争的影响，乡村儿童的自然经验教育时间和空间被挤压；更有甚者，随着乡村儿童的减少，大量的乡村学校和教师资源进行重新整合排列，比如乡村学校合并，教育资源向镇、县学校集中等，导致乡村儿童要想获得更好的教育，需要从中学甚至小学起就离开家庭到学校过集体寄宿生活，这人为割裂了乡村儿童与乡村环境，使生活在乡村的儿童无法传承和体验到乡村文化。

另一方面，乡村教育中涉及乡村文化的部分少之又少。乡村教育中，儿童的教育在书本上，更存在于生活中，而现代乡村中随着生产力的提高和生产工具的改进，传统的家庭协作式农业生产逐渐被机器取代，儿童虽然生活在乡村，但无法切身体验到乡村的农耕文化与农俗文化，也无法使儿童体验到乡村文化的独特之处。这一切均导致儿童在无根的文化环境中生活、成长，为其之后脱离乡村奠定了不良基础。正如西方谚语所说：培养一个儿童需要一个村庄。乡村儿童的教育现状是乡村振兴中必须面对且亟须解决的问题。

第二节　农村文化建设存在问题的原因

农村文化处于这样的境地，原因是多方面的，如图 2-1 所示。

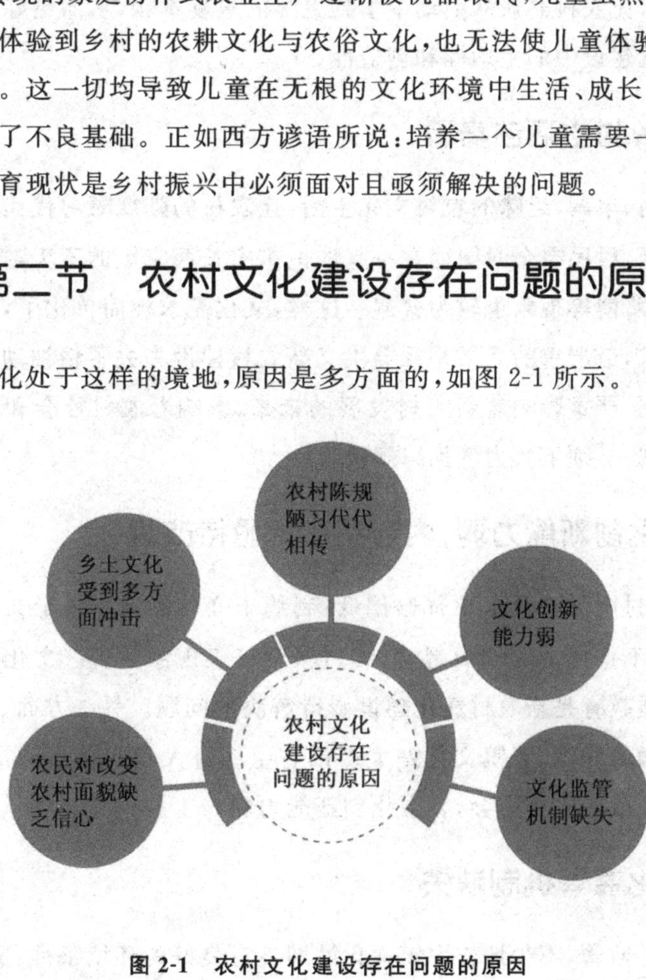

图 2-1　农村文化建设存在问题的原因

一、从农民本身看

农民表现在文化上的种种沮丧和自卑，根源在于职业自信和身份自信的失落，对改变农村面貌缺乏信心。从这个意义上来说，乡村振兴首先要解决农民的文化自信问题，增强农民对自身职业的认可，提升对乡村文化的自觉自信。

二、从外部环境看

在开放条件下，乡土文化遭受多方面的冲击，农民熟悉的文化种类和文化活动方式渐行渐远，农民群众参与文化创造的热情逐渐冷淡。这就要求在重建农民精神世界、更好更多地满足农民群众娱乐需求的同时，融入更多的科技、法律、市场知识，让农村群众从活动中学到更多的致富本领，从而更好地激发他们在新农村文化建设中的主动性和创造性。

三、从乡村生活自身看

相对封闭、单调、乏味的农村文化生活，让农村的陈规陋习代代相传。不少地区调查显示，村民空余时间凑在一起谈论东家长西家短的不少，打扑克、耍麻将，甚至聚众赌博等现象也较为普遍。这样，文化需求被简单化了，且极易消磨人的精神追求，最严重的后果是社会主义新农村建设失去了精神动力。农村文化的这些问题，严重影响着新农村发展的未来，影响着农村社会和谐和全面小康社会的实现，必须下大力气加以解决。

四、文化创新能力弱，内容和形式亟待改进

一方面，村民受教育水平普遍偏低，制约了文化创新。由于文化教育资源不均衡，加上不重视学习的旧观念，农村辍学打工现象频现。文化基础知识普及和文明素质教育是新农村文化建设亟待解决的问题。另一方面，由于文化活动经费等方面的原因，乡镇文化站大多没有组织过大型文化活动，唯一依靠的就是“三下乡”或者农村庙会，且文化创新能力弱。

五、文化监管机制缺失

由于缺乏监管，不少地方乡镇文化站即使有良好的环境条件、文化设施，但缺乏有效的监管机制制约，难免存在被挤占、挪用、尘封、遗失等现象，文化总是难以摆脱可有可无的尴尬。改变农村文化建设投入不少但成效不大的状况，就要采取有效措施，加强监管。

第三节　乡村振兴战略下当代乡村文化的重振与发展

乡村振兴战略是中国针对“三农”问题提出的重要战略规划。中国是一个典型的农业国家，自古以来，中国乡村就形成了内涵丰富的乡土文化，也是中国传统文化的核心和重要组成部分。乡村振兴战略的提出是中国重振乡土文化、实现中华民族伟大复兴中国梦的重要途径。

一、乡村振兴战略的提出及其内容规划

（一）乡村振兴战略的提出

党的十九大报告中提出了针对乡村问题的乡村振兴战略。这一战略指出，农村、农业和农民问题是关系整个中国国计民生的关键问题，只有将“三农”问题作为全党工作的重点，实施乡村振兴战略才能有效解决“三农”问题，有力地推动我国经济的发展。《中共中央国务院关于实施乡村振兴战略的意见》作为当年的“中央一号文件”由国务院公布。中共中央、国务院正式印发了《乡村振兴战略规划（2018—2022 年）》。

（二）乡村振兴战略的原则

乡村振兴战略的原则体现在以下五个方面：

1. 明确农村问题的归属及管辖权

乡村振兴战略指出，要坚持党管农村的工作。

2. 明确乡村振兴中农业、农村和农民的地位

乡村振兴战略指出，坚持农业和农村优先发展，以及农民的主体地位不动摇。

3. 乡村振兴的开展原则

乡村振兴战略指出，要走乡村全面振兴的道路就要坚持城乡整体融合发展，人与自然和谐共生，在振兴乡村中无论是开发还是建设都应坚持因地制宜、循序渐进的思路。

4. 明确农村的经营制度

乡村振兴战略指出，要保持土地承包关系的稳定及长久，要切实把土地承

包制度实施下去，并在第二轮土地承包到期后再延长30年。只有这样才能确保国家的粮食安全，才能让中国人将饭碗牢牢端在自己手中。

5. 明确农村人才建设的思路

乡村振兴战略指出，要大力加强农村人民的培养，打造一支懂农业、爱农村、爱农民的农村人才队伍。

（三）乡村振兴战略的内容与规划

中央农村工作会议提出了乡村振兴战略的20字方针：产业兴旺、生态宜居、乡风文明、治理有效、生活富裕。

1. 产业兴旺

产业兴旺是乡村振兴战略的核心，中国农村经济发展落后，资源分布不均衡，大量乡村青年只能背井离乡进城务工，造成农村地区空巢老人和留守儿童现象十分常见，如果乡村产业兴旺，青年人才在家乡一样有良好的发展，那么空心村与空巢老人、留守儿童的问题将迎刃而解。而产业兴旺中的"产业"是指以现代农业为主体的产业，通过提高产品的管理水平、改革生产技术、制定相关制度加强产业的融合与合作，例如，"农业＋教育""农业＋文化""农业＋信息""农业＋旅游""农业＋康养"等产业均有巨大的进步，"农业＋"成为农村产业多元化的必然趋势，能够为农民创造更多的就业机会。

2. 生态宜居

农村的传统农业产业模式自古以来均为生态化的、环境可持续发展的宜居模式，然而近现代以来，随着农村工业化进程的加快，出现了以环境污染为代价的经济发展模式。

一方面，农村地区，尤其是城郊地区重污染性工厂的修建导致附近的自来水资源、土壤资源以及空气资源遭到严重污染，成为破坏农村生态环境的罪魁祸首之一。

另一方面，随着农业生产方式的转变，农业生产中滥用农药和化肥的现象屡见不鲜，导致局部土地板结化、农药残留超标各种问题。这些问题成为农村生态宜居的阻碍，不仅影响当地的长期可持续发展，还影响人体健康。因此，只有坚持"两山"理论，利用乡村得天独厚的自然优势，保留古村落的生态特色，治理乡村环境污染，保留浓重的乡土气息，才能实现人与自然的和谐共生。

3. 乡风文明

传统的古代乡村依靠血缘和亲缘关系将乡民联系起来，是一个典型的、相对封闭的熟人社会。在这一小型社会中，人们互相尊重、互相提携，形成了尊老爱幼、遵规守约、诚实守信、邻里互助等乡村良好风俗，这些风俗代代相传，形成了中国乡土文化特有的淳朴与良善之风。现代乡村建设除了改善农村基本的公共服务，大力发展医疗卫生和文化教育事业外，还应大力弘扬社会主义核心价值观，努力传承和发展中国乡土文化中的精华，实现文明乡风。

4. 治理有效

数千年来，中国的传统乡村中形成了一套特有的乡约、乡规、乡绅结合的，中国乡土文化中以法治、德治为主的综合自治系统，这一系统是农村保持和谐与活力的基础。现代乡村振兴战略，只有在党和政府的领导下，形成社会协同，集合公众意见形成法治和德治相结合的乡村治理体系，才能有效协调农村、农户与农民间的各种利益，确保乡村建设积极、和谐、有活力。

5. 生活富裕

古代传统乡村中农民和农户实现了自给自足，而现代乡村振兴战略不仅要实现农户的自给自足，更要带领农户和农民共同致富。只有努力提高农民的整体收入，缩短城乡之间的经济发展差距，才能带领农村和农业共同步入全面小康社会，才能真正解决好“三农”问题，实现全社会人民的共同富裕目标。

二、乡村振兴战略的意义

（一）乡村振兴战略是解决“三农”问题的最佳策略

中国是一个农业大国，农业人口占全国总人口的比例大，而在我国经济发展过程中，由于城乡发展严重不对称，导致数亿农村人口成为城市的流动人口，对社会稳定与经济发展产生了极大的影响。随着我国经济的发展，城乡经济二次元差距的增大，农业、农村和农民问题已成为影响我国农村发展的根本问题。只有合理地解决“三农”问题，才能真正解决城市和农村经济发展不平衡、农村之间经济发展不平衡以及农村地区“三农”发展不充分等问题，才能真正实现全面小康社会。

(二)振兴乡村战略是解决市场经济矛盾的最佳方式

改革开放以来,中国的经济取得了巨大发展,然而随着社会分工越来越细,市场经济越来越深入,我国经济面临着生产过剩与经济危机潜伏等问题,只有不断扩大市场空间,保持长期稳定发展,才能解决这些问题。而农村范围广、人口多,是一个有无限潜力的巨大市场,只有增强农村经济发展活力,拓展农村市场,增加农民收入,整合农业发展,才能使农村真正成为下一个经济增长点,只有实现乡村振兴,才能解决目前市场经济的矛盾与问题。

(三)振兴乡村战略是新时期创新农村发展的重要内容

农业是关系粮食安全的民生之本,新中国成立以来,中国农业发展取得了重大成就,粮食产量持续增多,农民收入持续增长,大批农村人口实现脱贫致富。然而在农村各项工作取得重大成就的同时,农村发展中又出现了许多亟待解决的新问题,其中包括:农产品供需不平衡,有的农产品供不应求,有的农产品供过于求,农产品的供需之间单纯依靠市场反应作为平衡的动力;农村基础建设落后,农业污染问题严重,生态问题突出;现代农业产业的创新机制较差,农民创业就业的能力不足;城乡之间发展不平衡,国家资源向城市倾斜,城乡之间的流动出现一边倒的情况;乡村治安环境有待加强等。解决这些问题需要全面发展农业产业,不断增强农民素质,改善农村发展环境,只有坚持乡村振兴战略,才能实现创新农业发展的根本目标,才能引领农民不断探索、升级转型和进步。

(四)乡村振兴战略是实现国民经济长远发展的重要抓手

乡村振兴战略是一项面向未来 30 年的长远发展规划,在这一规划中既要综合考虑“三农”问题的发展和解决,也要从各部门、各单位的实际出发,不断加强管理、深化分工、转变观念、突出特色、强化组织才能科学有序地引入新思想、新平台、新手段,实现乡村的创新发展。

1. 在战略目标上

在战略目标上,必须以国家的总体规划为依据,从农村区域特点出发,综合考虑在生态环境、粮食安全与产业效益的基础上因地制宜,合理进行规划。在明确目标后,实施农业生产、牧业发展、林业种植、畜牧业养殖或渔业养殖,需要进行退耕还林、还牧等工作的，应坚决实施相关政策，以保证乡村振兴战略的顺利实施。

2. 在战略手段上

在战略手段上，不断引入先进思想和理念，打破原有的城乡低水平发展的平衡状态，使用新工具、新手段，不断推动城乡融合发展，突破农村发展的障碍和制约，实现农业和农村的大跨步发展。

3. 在战略保障上

在战略保障上，不断推进社会、市场与政府之间的结合，加强农业和农村的公共建设、公共管理和公共服务，拓展农村建设发展的主体，推动企业投资、社会管理，抓好“三农”建设问题，实现国民经济的长远发展。

（五）乡村振兴战略是实现“两个一百年”目标的重要手段

中华人民共和国成立以来，我国的各项事业均取得了较快发展，然而近年来，随着我国综合实力的提升，城乡矛盾越来越突出，如果不能有效地解决农业、农村和农民问题，我国的经济发展将陷入重重障碍、后继无力等困境。只有在做好科学决策的同时，实现乡村振兴才能实现“两个一百年”的伟大目标。乡村振兴是一个关系国计民生的大工程，只有科学规划，因地制宜，全面提升农民的知识和素质，才能真正实现产业兴旺，带领农民实现共同富裕。

三、乡村振兴战略的实现途径

乡村振兴战略是一项关系中国百年大计的综合工程，只有因地制宜，整体协调，不断探索，才能有效解决“三农”问题，从根本上实现乡村振兴。

（一）挖掘乡村文化，重建乡土自信

文化建设是乡村振兴建设的灵魂和核心，是农村的软实力建设，只有提升文化自信、做好乡村文化建设，才能提高农民的文化自信，有效激发乡村发展活力，实现乡村振兴。而乡村文化建设与城市文化建设不同，要继承和发扬古老乡土文化中的优势，挖掘乡村中固有的诚实守信、礼尚往来、邻里互助等人情味道浓郁的乡村文化特色，激发起村民自觉的文化传承和保护，从整体上提高农民的文化素质，唤醒农村文化自觉，树立文化自信。

1. 重建乡村文化自信，要加快农村经济发展

城乡经济发展严重不平衡是困扰我国农村问题的最关键因素之一，只有加快农村经济发展，打破城乡经济发展现有状态，实现城乡均衡发展，才能使农村重新焕发活力，使农民和城市居民一样过上幸福生活。只有这样，城乡人民的心态才能平衡，乡村文化自信才能凸显。在加快农村经济发展中，要时刻坚持“两山”理论，全面提升农村的宜居环境，实现农村生态的可持续发展，只有这样才能增强文化自信，实现农村健康发展。

2. 重建乡村文化自信，要大力推进乡村文化建设

相对于城市中健全的文化设施建设而言，农村的文化建设十分贫乏，长期处于落后和停滞状态，只有不断完善乡村文化基础建设，切实落实文化惠民政策，才能激发起村民的文化自觉。例如，在贫困乡村建设农民文化乐园，通过文化潜移默化的效果培育和谐文明乡风，提升农民整体素质，培养农民的文化自觉和文化自信。

3. 重建乡村文化自信，要丰富乡村文化形式

我国乡土文化中存在大量内涵丰富、形式多样的民俗文化，其是乡村文化自信重建的重要基础素材，只有合理利用民歌、传统戏、地方戏、秧歌、神话传说、民间故事、乡规民约、民俗节日、风俗习惯、特色建筑外观等形式多样、通俗活泼的文艺形式，有效推动当地特色文化的发展，才能将具有历史价值的文化习俗传承下去，真正重建文化自信。

4. 重建乡村文化自信，要提升乡村文化质量

乡村文化建设的目标是延续乡土文化脉络，传承、发展优秀的乡土文化，并不断创新乡村文化以适应时代发展的需要。因此，在乡村文化建设中应大幅度提升文化活动质量，例如，建设高质量文化传播讲堂、建设乡村文艺团队、定期开展文化下乡活动，利用寓教于乐、通俗易懂的方式宣传乡村文化，重建文化自信。

5. 重建乡村文化自信，要加强乡村文化人才队伍建设

人才培养和建设是乡村振兴最重要的因素之一，只有人才队伍素质提升，才能为乡村文化自信打下坚实的基础。加强乡村文化人才队伍建设可从以下几个方面入手：

第一，加强农村文化人才的选拔、资助、扶持、培养，全面提升乡村文化人才队伍的整体素质。

第二，大力吸引高等教育艺术人才奔赴农村、扎根农村。

第三，坚持以农民为中心，激活乡村振兴的主导力量。

农民是生活在农村的原生群体，是传承农村文化和振兴乡村经济的有生力量，也是乡村振兴的建设者和主导者，还是乡村振兴的受益群体，只有充分激发农民的劳动热情、确保农民的主体利益，才能真正实现乡村振兴。我国传统的农业生产是以家庭为单位的农业生产经营模式，经过数千年的实践证明，这一生产经营模式是合理的，是最能发挥农业价值的生产经营模式。然而，近年来，随着大批青年进城务工，农业收入不再是家庭的主要来源，农村的生产活动由以前的家庭经营变成了以妇女和老人经营为主。与此同时，大量土地在农户间自发流转，流转原因为外出打工引起的农村劳动力缺乏。在乡村振兴战略中只有确保农民的合理利益，才能建立起真正适合农民发展的、对外出打工的农民工有吸引力的职业前景，满足农民追求高品质美好生活的愿望和需求。

（二）做好调研工作，明确目标定位

乡村振兴战略是一项综合性工程，包括产业兴旺、生态宜居、乡风文明、治理有效、生活富裕的总目标，这个总目标是全国乡村振兴战略目标，并不适用于全国各地的乡村机械套用，在具体的地区需要根据地形、产业特色、文化特点、风俗习惯等进行具体调研，以制定适合地区发展特色的乡村振兴战略目标。在制定具体目标时应从以下几个方面着手：

首先，要具备宏观视角，在遵从国家法律法规的前提下，根据地区的产业特点和产业结构，综合考虑产业兴旺、粮食安全、生态保护等因素，从而进行合理统筹规划，以及人、财、物的合理安排。

其次，要正确处理农村各群体间的关系，加强党在群众中的领导和示范作用，平衡、调节并保护同一地区不同群体间的利益关系，构建乡村振兴的良好社会秩序。

（三）从时间维度分解目标，做好乡村振兴规划布局

乡村振兴并不是一朝一夕之功，而是一个长达数十年，关系数代农民的伟大战略。因此，在工作中要结合国家制定的乡村振兴战略目标，根据当地乡村的发展速度和发展特色对乡村振兴目标进行分解，制定好系统的短期规划、中期规划、长远规划。唯其如此，才能在乡村振兴进程中掌握主动权。

此外，制定规划后，还要根据当地特色进行全盘考虑以达到经济效益、政府效益、社会效益的最大化。例如，国家的村村通工程，在每个村庄投入巨大资金修建道路、疏通电缆，这一工程对于人数众多、特产丰富、地处山区或荒漠、交通不便的村庄具有巨大的意义和价值。然而在少人居住、环境恶劣的无人区则没有必要进行大量投入建设，以免造成工程浪费。因此，在制定规划时，要考虑当地资源，提高前瞻意识。

（四）有效推动城乡综合发展，做好乡村振兴的市场机制建设

乡村振兴并不是在乡村进行孤立的建设，而是要实现乡村与城市平衡发展的目标，因此在乡村振兴战略中，许多工作应本着跨城乡或城乡并举的思路进行开展。

1. 城镇要对乡村建设进行大力支持

一般来说，城镇资源比乡村资源更为集中，技术更为先进，因此，在乡村振兴中，城镇应将现有的资源、技术以及人才进行整合，适时送技术下乡，送人才下乡，以对乡村资源进行直接拉动；如果农民进城镇就业、发展，城镇应做好农民的就业等工作，使农民安居乐业，更快地融入城镇。

2. 城镇要及时接纳农民搬迁进城

我国幅员辽阔，有的地区自然环境恶劣，文化教育水平低，特色不明显，发展潜力不足，如果发展乡村振兴需要投入大量资金，而产出则不太理想，这样的地区，城镇应及时接纳农民搬迁进城。

3. 要大力发挥市场机制

在城乡综合发展中要大力发挥市场机制，结合市场机制进行城乡资源的合理配置，以有效地调动广大农民的积极性，推动乡村振兴地快速发展。

（五）有效推动跨村庄协作，科学调整乡村振兴的结构

我国有数十万个乡村，每个乡村的特点不同，经济发展水平不同，因此，在实施乡村战略时，应采取不同的方式方法和策略。近年来，随着工业化、现代化以及城市化的快速发展，我国的村庄发展出现了较大的分化，有的村庄集中了大量的外来人口，有的村庄则成为人口大量外流村。在不同的村庄中，其特点和困境也不尽相同。例如，人口外流村，留守儿童和空巢老人现象严重，男女比例不平衡，人口结构失衡；而外来人口集中的村庄主要集中在城市郊区，易出现

私搭乱建、建筑用地侵占耕地等现象。在乡村振兴战略具体实施中，应对省、市或区内的村庄进行分类，从整体上对区内的村庄进行合理布局；从大局着眼调整区域内的产业结构，并进行行政优化。对需要撤并或整合的村庄进行适当调整；对基础建设不足的村庄进行适当加强；对基础较好、产业特色明显或者经济发展快速的农村加强社区服务，以此形成点、线、面统一规划，重点拓展，互相协助的发展格局。

（六）推动政府跨部门合作，协调落实乡村振兴的政策方针

乡村振兴战略是一项涉及政府众多部门的综合工程，在实施乡村战略过程中，政府相关部门既要各司其职，将本部门的工作落到实处，又要深化体制改革，转变政府职能，建立跨部门协作体系，有效解决乡村振兴中各种复杂难题、公共问题以及关键问题等，在具体工作中应形成有协调、有牵头、有参与、有分工、有监督、有跟踪的工作体系，形成责任分工明确、积极主动的工作氛围。此外，乡村振兴战略作为关系我国国计民生的重大战略，国家宏观经济管理部门应给予足够的重视，从国际农业竞争以及国际农业发展趋势上对乡村产业进行合理规划，谨慎选择地区的主导产业，以打造具有国际竞争力的农业产业体系。

（七）打破个人家庭独自为战的经营模式，创新乡村振兴组织

自古以来，我国的农业生产形成了以个人或家庭为单位的生产经营模式，这种模式源于我国的小农经济，符合古代封建社会的发展特点。而现代农业工具革新后，农业生产力大规模提升，进入农业机器时代，以个人或家庭为单位的生产经营模式仍是当前阶段农业主要的生产经营模式，然而在实施乡村振兴战略过程中，如有大规模的资本投入或技术投入，也应适时打破个人家庭独自为战的经营模式，引入集体农庄思路。这一思路能够充分发挥企业家精神在乡村建设中的带头作用，同时资本整合也有利于弥补个人投资有限、无法扩大规模或使用先进技术提高生产效率的缺陷。

（八）推动跨组织合作，做好乡村振兴的社会参与工作

乡村振兴战略这项复杂的工程，既包括政府，也包括乡村中的农民、社会上的资本以及农业企业家等组织或群体，这些组织或群体在乡村振兴战略中所起的作用不同，然而却缺一不可。例如，政府是乡村振兴战略的规划者和分工者，

其担负的责任大、所涉及的工作程序复杂、工作成本高，因此应集中力量突破重点工程；乡村中的农民是乡村振兴战略的执行者，其工作烦琐、需要周期长，但农民群体从客观角度难以看到市场全貌，需要政府以及社会资本的引导；社会资本则根据市场规律对有竞争力的农业产业进行投资，资本流动则起到激活市场、引导市场的作用。因此，在具体的乡村振兴战略中，应有效利用各组织或群体的优点，统一进行分工和合作，形成政府组织，企事业单位、个人、资本、家庭参与的工作体系，由此才能形成巨大合力，有效推动乡村振兴工作的快速发展。

（九）树立当代“乡贤”榜样，打好乡村振兴的人才基础

近年来，我国城市现代化建设快速发展，对乡村人才产生“虹吸效应”，将乡村地区的精英人才吸引到城市安家落户。在我国乡村中存在许多家庭精英人才出走或举家迁往城市的现象，导致乡村振兴建设的人才供给匮乏。例如，我国一线城市北京、上海、广州、深圳吸纳了大量外来移民，深圳更是被称为“移民城市”，其中大量移民包括乡村中的“能人”或接受高等教育的人才。实施乡村振兴战略过程中需要大量精英人才和专业人才的参与，甚至可以说乡村振兴的关键在于人才，党的十九大报告指出：“培养造就一支懂农业、爱农村、爱农民的‘三农’工作队伍。”只有实施乡村人才战略，建立完善的乡村人才体系，才能筑牢乡村振兴的根基。而新乡贤则是乡村振兴的重要力量，培育壮大新乡贤队伍可以有效地发挥新乡贤的舆论、文化和引领示范作用，吸引优秀精英人才加入乡村振兴建设发展中。新乡贤的人群包括医生、教师、企业家、艺术家、农业学家等，其无论学识修养，还是人格魅力，或是创意策划能力，都有助于推动乡村振兴战略的实施。地方政府在评选、树立新乡贤的过程中，应及时建立新乡贤人才库，树立新乡贤的威信，同时打通新乡贤的参政议政渠道，发挥新乡贤的观念优势，以及人脉优势等，吸引更多精英人才成为新乡贤，提高新乡贤对乡村事务的参与度，增强新乡贤的创业动力。

第三章

乡村文化建设的挑战及路径

第一节　乡村文化建设的挑战

中国共产党十八届二中全会提出:“把经济、政治、文化、社会、生态等方面的体制改革有机结合起来,把理论创新、制度创新、文化创新以及其他各方面创新有机衔接起来,构建系统完备、科学规范、运行有效的制度体系。”所以乡村振兴视角下乡村文化建设的挑战需要全方位的分析,当前乡村文化的建设不仅是文化上的建设需要从多维角度进行考量,在乡村文化建设时要将经济因素、政治因素、生态因素等融入其中,所以乡村文化建设面对着不容小觑的挑战。

一、乡村公共文化服务性体系不健全

乡村文化公共文化服务性体系是乡村振兴的点睛之笔,需要政府、百姓通力合作形成服务体系,但是这个体系在乡村实施过程中出现失灵的情况,这就说明当前的乡村公共文化服务体系并不健全。这一现象主要体现在以下几方面。

(一)农村公共文化服务形式化

尽管具备了以文化惠民政策项目为主干的框架体系,却因供需偏差导致服务流于形式、有效供给不足等实质内容缺乏与低功效问题。就当地乡民而言,他们自身对文化的需求复杂多样并且会出现送下乡的文化过时,不能满足乡民对新文化、新知识的诉求。也就是说,在乡村建设公共图书馆、农村电影放映以及文艺下乡等形式存在的公共文化服务不能满足当地村民需要的时候,图书馆

就会成为摆设并且荒废并不能为农民所用。文艺下乡的艺术表演形式在不是乡民所喜闻乐见的情况下，既不能促进乡民对这段艺术文化内涵的理解和向往，也会降低艺术表演者的热情，同时乡民会产生厌烦心理，不愿意去看表演，也会浪费表演经费，最后导致文化下乡这一惠民便民的举措适得其反。

(二)资金投入监管和协调不足

政府针对乡村的公共文化服务在对财政资金投入及对乡村文化监管和协调把握方面不足。

首先，因为有些乡村地区的公共文化设施依旧落后，不能保证对乡村的文化供给。这一问题的存在需要从两个方面考虑，一方面，当地经济发展并不能支撑当地政府拿出大量资金投入乡村的公共文化建设中，因为现在各个地区的经济发展不均衡确实阻碍了精神文明的建设。当地政府也没有联合更多的非营利性社会组织来帮助当地乡村的公共文化建设。另一方面，政府及村干部将需要用于公共文化建设的财政支出截留，从而导致资金不足。

其次，政府的工作职能分工存在不是很明确的现象，从而导致工作人员不能深入了解乡民的文化需求，对乡村中出现的私自占用公共场所进行自己的娱乐消遣的现象没有察觉。在不明确的职能分工体制下，工作人员容易出现责任推卸的现象，使乡村的公共文化服务体系建设滞后。

综上所述，乡村的公共文化服务体系不健全是当前乡村振兴视角下乡村文化建设的重要挑战之一。

(三)政府在公共文化服务体系的工作中出现乡民不配合的状态

一方面，政府提供的精准扶贫一对一扶贫措施在乡村一开始取得了显著的效果，但是也让被扶持的乡民产生了惰性思想，并一味地接受嗟来之食，不曾想在这么好的政策下如何实现自我发展彻底摆脱贫困的身份。

另一方面，在政府进行乡村改造时，会涉及小部分乡民的利益，这一部分乡民会固执己见，并且不积极配合政府工作。

二、原始生态文化资源破坏严重

随着我国社会矛盾的转变，人们对美好生活的追求和向往的情愫越来越高涨，并且在日趋激烈的社会竞争环境下，很多人愿意回乡修身养性感受乡村原始的生活环境，体味纯粹的风土人情。所以，乡村旅游业开始发展起来，也为农业农村现代化提供了契机，同时显露出一些弊端。

首先，利用有民族气息和历史文化的古建筑古村进行旅游开发，在开发的过程中为了追求经济效益将很多传统民居大面积地改造和翻新以至于失去原有的传统文化特色。更有甚者，盲目地建设宾馆和道路等设施，使原汁原味的古村落面貌消失在商业化旅游业中。

其次，乡村旅游业的发展在为乡村带来经济效益的同时，也对当地的环境问题产生了重大的困扰。一方面，随着乡村游客的增多，由于人们对环境保护的意识淡薄，随意丢放垃圾，给当地乡村带来了大量的生活垃圾。当地居民在生产生活的时候不注重自己家乡的环境问题，不将垃圾分类，随意堆放导致乡村环境受到威胁。另一方面，有的游客对文物保护的意识淡漠，为了自己一时兴趣或本着在此地留念的想法在古建筑上随意刻画，对文化遗产有意破坏导致传统村落的自然生态和人文生态受到严重破坏，从而打破了乡村中人与自然的和谐。

最后，当地政府对美丽乡村建设的概念理解得不全面，大肆地翻修建筑甚至出现一个村子所有的建筑全部相同。他们认为将村子的外貌翻修，路面改造就展现了当地村子的经济发展水平，其实不然，真正的美丽乡村是需要了解当地文化特色、内涵，在一定程度上对具有代表性的传统文化村落有所保留。可以对破旧的建筑根据原貌进行修缮，但是不能将其本身所具有的文化内涵剔除。

三、乡村建设缺少文化内涵

在我国广阔乡村地域上储存着丰富的历史资源、人文资源，但是在美丽乡村建设的过程中在经济效益和商业价值上投入了更多的注意力，从而忽略了此类商品背后的文化内涵。

这主要体现在当前的乡村建设同质化现象严重，也就是出现了更多的是邻村的效仿，而不是挖掘自身的文化内涵和特色进行建筑。就像一时兴起的特色小镇，虽然给当地带来了一定的经济收益，有的地方就会效仿邻村建设小镇，并且连建筑风格、地域特色也同样效仿。这一现象的出现不仅没有给游客带来新奇感，也让大家觉得原来每个乡村的文化都是一个样子，并没有给游客带来不一样的文化体验。所以，有的地方在乡村建设的时候只顾眼前效益没有放眼长远的发展。另外，大面积的相同的文化建筑造成了土地资源浪费，也引起了不良的商业竞争，在一定程度上也阻碍了乡村的发展。

最后，乡村建设的过程中文化内涵体现的方式少，大多数乡村文化内涵都体现在了建筑上，在乡村旅游产业开发过程中大多是在古建筑上大费周章，并且在环境氛围的烘托上也费尽心思，却忽视了其他传统文化的传承，比如民间技艺、传统习俗、节庆礼仪等。这些也是传统文化的表现形式，人们却把这些抛之脑后。

第二节　乡村文化振兴的路径

2000 多年前，管仲提出“仓廪实而知礼节，衣食足而知荣辱”，强调物质文明和精神文明要共同推进。当今社会，人民的物质生活水平达到了一定程度，必须强调“礼节”“荣辱”，以文化来涵养物质生活。

党的十九大提出了乡村振兴战略，提出了乡村振兴“产业兴旺、生态宜居、乡风文明、治理有效、生活富裕”的总要求。习近平总书记指出，乡村要实现产业振兴、生态振兴、文化振兴、人才振兴、组织振兴。

由此可见，无论是乡风文明还是文化振兴，都是乡村振兴的题中应有之义。乡村文化兴则乡村兴，乡村文化强则农民强。没有乡村文化的高度自信，没有乡村文化的繁荣发展，就难以实现或不能实现乡村振兴的宏伟目标。因此，必须选择合适的文化振兴路径。

文化振兴是乡村振兴的灵魂，决定了乡村振兴的走向，是接续优秀文脉的重要途径。推动乡村文化振兴就是要以社会主义核心价值观为引领，加强乡村思想道德建设和公共文化建设，深入挖掘优秀传统农耕文化蕴含的思想观念、人文精神、道德规范，培育挖掘乡土文化人才，弘扬主旋律和社会正气，培育文明乡风、良好家风、淳朴民风，改善农民精神风貌，提高乡村社会文明程度，焕发乡村文明新气象。实现文化振兴可以选择的路径有：注入文化元素、推进移风易俗、教化乡村居民、保护村落遗产、开展文明评选、挖掘民间手艺、活跃民俗节日等。

一、注入文化元素

中华文化博大精深，无论是诗词歌赋，还是民间谚语等，都体现了丰富的文化内涵，这些来自实践的文化瑰宝，有的已经沉睡了多年甚至被淡忘，有的正在被挖掘并产生了重要影响。实践证明，被文化滋养的产业有巨大的活力，被文化涵养的产业有更高的品位，有文化支撑的产业能持续发展。

要提高农业的持久竞争力，必须从过去就农业产业发展农业转到注入更多文化元素发展农业。挖掘附着在农产品上的民间故事，拓展和延伸农产品的文化功能，建立体现产地特色的品牌，尤其是要加强产业示范园的建设，集种植、加工、展示于一体，尽可能增加体验和文化传播环节，让来自各地的游客参与其中。在每年农民丰收节活动中注入产业文化元素，让产业发展受到更多的关注。在各地农村因地制宜，拓展文化传播形式，采取诸如文化墙、宣传栏、农村大喇叭、广播车、印发文化手册、张贴海报等农民喜闻乐见的形式开展宣传，通过一些通俗易懂、寓教于乐的原创节目，传播文明新风，倡导移风易俗，营造崇尚真善美的氛围、健康向上的人文环境和安居乐业的生活环境。借助网站、微信、微博等新媒体，制作宣传推广反映农村优秀传统文化、道德模范先进事迹的作品，扩大乡村文化元素的辐射带动作用。在具备条件的村庄建设村史馆或博物馆，收集、保存具有地方特色的文物古迹、宣传体现当地民俗风情和时代精神的先进人物及事迹，增强本地居民的获得感、归属感和认同感，留得住乡愁和记忆。充分利用非物质文化遗产、重要农业遗产中的文化元素，讲好蕴含其中的文化故事，与文化创意产业相融合，整合资源，开发新产品，优化服务。充分利用传统文化符号，发挥群众基础优势，让传统文化切实在群众心中扎根，让群众享受经典文化的乐趣，不断丰富群众的精神文化生活需要。

案例　河南新郑：戏曲进乡村，唱出大天地。

新郑市隶属于河南省郑州市，豫剧、曲剧是河南两大传统地方特色戏曲，新郑老百姓爱听戏、爱唱戏、爱看戏，政府就送戏、种戏，让戏曲真正“活”在群众中间。依靠深厚的群众基础，以“戏曲进乡村·欢乐进万家”文化惠民工程为抓手，以保障人民群众文化权益为目标，坚持政府主导、社会参与、全民共享，把戏曲进乡村工作纳入公共文化服务体系建设，进一步繁荣戏曲文化，推进文艺在乡、文化兴村。

一是满足群众需要，真正把戏“送下乡”。新郑市通过媒体公示、问卷调查的形式，广泛征求群众意见，根据群众的需求适时调整戏曲进乡村演出剧目，实现由“政府端菜”到“百姓点单”。通过政府购买服务，增加演出场次，将精品好戏送到群众家门口，既有《朝阳沟》《焦裕禄》等优秀现代戏，也有《收姜维》《清风亭》等经典传统戏，让戏迷们过足了瘾，既满足了群众的精神文化需求，又传播了社会主义核心价值观，弘扬了中华优秀传统文化。

二是培育带不走的队伍，把戏“种下去”。新郑市积极实施“百千万”文化惠民工程培育戏曲人才，建立健全市级培训乡镇戏曲骨干、戏曲骨干回乡镇培训村级戏曲志愿者、志愿者回村培训身边戏曲爱好者的梯级培训机制。新郑市豫剧团抽出各个行当，到群众身边去，从表演到手眼身法步唱腔等，进行专业指导，以专业戏曲人才为骨干组成16个小分队，一对一分包16个乡镇（街道、管委会），与民间戏班和戏迷团队结对子、交朋友，辅导其提高创作水平和表演能力。开设“传艺所”，邀请不同行当的省内戏曲名家，定期为当地和周边乡镇戏曲骨干授课传艺。新郑市中小学校把戏曲艺术纳入教育课程计划，推动戏曲进校园，每两周开设一节戏曲知识课程，让教师成为传播戏曲的使者，让学生学唱、会唱、唱响传统戏曲，在校园埋下戏曲的种子。

三是搭建戏曲大舞台，唱响时代新乡风。举办综艺晚会或戏迷擂台赛，每年演出50余场次，数千名文艺爱好者登台献艺，年受益观众30余万人次，“百姓大舞台”戏迷擂台赛已经成为新郑群众文化活动的特色品牌，极大地调动了戏迷广泛参与的积极性，推动了戏曲进乡村工作蓬勃开展。打造了戏曲“云平台”，让群众随时随地看戏。新郑市建立了郑韩文旅云，与河南省数字文化平台、郑州文旅云平台共享，整合各类戏曲资源进行数字化处理，从“实体送戏”拓展到“数字送戏”，让群众随时随地可以看到想看的精品剧目。整合戏曲资源，打造戏曲小镇，建立“戏曲合作社”，举办梨园戏曲文化节，多家专业院团、民营剧团轮番登台演出，豫剧名家与戏迷同台演出，让周边群众过足了戏瘾。

自从开展送戏种戏活动后，村民的精神风貌发生了巨大变化，以前村里没人唱戏，鸡毛蒜皮的问题很多，邻里之间不和睦，甚至有的多年不来往，现在到处是一派其乐融融、和谐共处的景象，唱戏的多了，看戏的也多了，喝酒打麻将的人少了，惹是生非的人更少了，乡风变文明了，风气也正了，老百姓都是哼着小曲过日子。在传统文化的熏陶下，老百姓的素质在潜移默化中不断提升。戏曲活动不仅满足了老百姓的爱好，丰富了群众的文化生活，还净化了乡风民俗，为乡村振兴注入强劲动力。

二、推进移风易俗

《史记·乐书》记载：“移风易俗，天下皆宁。”说明了移风易俗的重要性。一些互相帮助、孝老爱亲等优秀的农耕文化在传承过程中，出现了变样、走样的情况，出现了盲目攀比，甚至愈演愈烈，引发天价彩礼“娶不起”、豪华丧葬“死不起”、人情礼金名目繁多“还不起”、孝道式微等不良社会风气。为了有效遏制陈规陋习，树立文明新风，中央农村工作领导小组办公室等11个部门联合印发了《关于进一步推进移风易俗建设文明乡风的指导意见》，明确要求要因地制宜推动移风易俗，遏制陈规陋习，培育文明乡风、良好家风、淳朴民风，不断提高乡村社会文明程度。

要大力开展移风易俗行动，倡导各地成立红白喜事会，出台村规民约，健全组织机构，引导村民自我教育、自我管理和自我提高。加强对党员干部的廉洁自律教育和监督，坚决遏制红白喜事大操大办、奢侈浪费、盲目攀比之风，号召广大党员、各级人大代表、政协委员、村（组）干部、村民代表支持客事从简工作，带头遵守当地的相关规定，营造良好的社会风气，减轻群众的负担，形成“婚事新办、丧事简办、其他喜事简办或不办”的社会氛围。充分利用电视、广播、报纸、网络等媒体和户外广告、主题公园、主题广场等载体，广泛宣传，推动移风易俗进机关、进乡村、进社区、进家庭、进学校、进企业、进军营，做到同步宣传，同步教育。鼓励农民用文明风尚表达“爱”，倡导文明新风，用一束鲜花、一条短信、一杯清茶、一句问候来表达贺意、增进感情。同时，还要加强对老年人的照顾，大力兴办日间照料中心等养老公益服务事业，让老年人真正老有所养。大力倡导殡葬改革，引导广大群众转变传统殡葬观念，鼓励生态葬、海葬等，树立文明、节俭、绿色、节地的殡葬新风。

案例　云南大理：抓实“客事”从简，建设文明乡风。

近年来，大理州倡导移风易俗客事从简（以下简称“客事从简”），树立文明乡风，取得了明显成效。

一是开展宣传教育。大理州成立了大本曲宣讲团、剑川白曲宣讲团、新时代公民道德建设宣讲团、苍洱青年宣讲团，针对不同群体，用广大群众喜闻乐见的大本曲、白曲等说唱方式宣讲社会主义核心价值观和客事从简相关内容。探索出“开展一次基层巡回宣传活动，培养一批产业致富带头人，开展一次法治宣传教育活动，开展一次严厉打击违法行为专项行动，开展一次弘扬生育文化、倡导婚育新风活动，开办一批当家人理财培训班，开展一堂‘科学理财、文明生活’教学课，开展一次集体‘三清洁’活动，开展一次媒体集中宣传活动，创作一批通俗易懂的文艺节目”十个一主题的宣传教育活动。

二是引导广大群众参与精神文明创建活动。大理州把客事从简工作作为精神文明创建的重要内容，纳入文明城市、文明单位、文明村镇、文明校园、文明家庭创建和推荐评选的考核指标和测评体系。严格实行“一票否决”制，凡出现铺张浪费、大操大办、盲目攀比、不文明闹婚等现象的，一律不得参加精神文明创建推荐评选，形成点线面结合、以城带乡、城乡共建、区域性协调发展的精神文明建设联创格局，弘扬文明新风取得了新成效。

三是制定村规民约。通过制定村民代表会议制度、村民理事会章程、村民监事会章程和村规民约，形成了以村级党组织为核心、村民自治理事会为补充、村民监事会参与监督、村民广泛参与的管理机制。具体到每个村的一场客事能办几桌、酒席标准是多少、菜品是几个、烟酒的价位不能超过多少等，都由群众参与制定，一致通过后形成各村《关于移风易俗客事从简的规定》，并纳入村规民约，大家共同遵守执行。还充分发挥村老年协会、洞经会、莲池会、文艺队等民间组织和新乡贤在推动客事从简中的重要作用。

通过各级各部门和广大干部群众的共同努力，大理州推进客事从简工作取得了较好的实效，农村客事减少了，干群关系密切了，发展能力增强了，社会风气好转了，醉酒闹事、酒后驾车、赌博等现象大大减少了，歪风邪气刹住了，正气弘扬了，社会风气明显好转。

三、教化乡村居民

要开展全民的培训，教化乡民、涵养乡风。乡民的知识教育应该融入其赖以生活的日常共同体内。应该把教化乡民作为乡村治理的一个重要环节抓紧抓好。依托农村文化礼堂等场合对广大村民开展政策宣传和引导，让广大村民了解党和国家的政策，增强一分理解，多一分支持，要通过道德讲堂、家训等加强对年青一代的教育，让广大乡村的孩子热爱自己的家乡，记住自己的家训，提高为家乡发展奉献的积极性和主动性。乡贤文化是扎根于农民家乡的母土文化，在教化乡民的过程中，需要将一批乡贤树为榜样，他们都是从乡村成长起来的精英，或致仕、或求学、或经商等，而回乡的乡贤以自己的经验、学识、专长、技艺、财富参与和支持乡村振兴。他们身上散发出来的文化道德力量可教化乡民、反哺桑梓、泽被乡邻、温暖故土，对凝聚人心、促进和谐、重构乡村传统文化大有裨益。因此，要树立新乡贤的标杆，弘扬优秀乡贤的奋斗精神，用乡贤的道德力量影响乡民，教化乡民。

案例　湖南省新化县油溪桥村：以积分制推动村民参与村级事务。

油溪桥村位于湖南省新化县吉庆镇东北部，属石灰岩干旱地区，人均耕地不足0.5亩，自然资源匮乏，原先村民人心不齐、赌博成风，曾经一度是省级特困村，被周边百姓称作“有女莫嫁油溪桥，干死蛤蟆累死牛”。近年来，油溪桥村探索利用积分制管理的形式，对村庄党建活动开展、资源盘活利用、村规民约制定、村集体经济发展等大小事务一一进行细化、量化，并科学开展考核，以此不断激发党员群众在乡村治理和发展建设中的认同感与责任感，形成发展合力，推动全村各项建设迈上快车道。

一是运用系统思维，以小积分奏响“大合唱”。油溪桥村“积分制”管理由村党支部全面领导，以积分考核管理为主要形式，通过登记、审核、公示、讲评、分享等环节，使得村里大小事务都能通过“积分制”“积分卡”得到有效处理、生动体现。村党支部全面领导，成立积分制管理领导小组，负责筹划、认定、考核等工作。村民全面参与，通过新媒体、老传统并用的方式广而告之，提升村民对“积分制”的知晓度、认可度、参与度，发放征求意见书，征集群众好想法、好建议，并召开村民代表大会进行投票表决。村级事务全覆盖，无论是义务筹工筹劳，还是村里组织的各项活动、各级事务及违法违规行为等，都纳入积分动态管理之中，建立积分动态管理台账。

二是打通各个环节，以小流程联结“大治理”。油溪桥村在推进积分制管理过程中，对登记、审核、考评、分享各个流程进行全程管控，确保取得预期效果。一事一记录，村民可自行申报积分，村小组成员核实后登记归档。一月一审核，村积分制管理领导小组每月28日对村民积分进行审核认定，统计相应数据。一季一公示，村民的积分情况在村务公开栏等醒目位置进行公示，接受广大村民监督；有异议的可向村两委反映，经调查核实后做出妥善处理。

三是坚持正向激励，以小量变推动“大变革”。积分管理与村民践行村规民约的情况、集体经济分红、干部选举、工资绩效等切身利益挂钩，并制定了兑换服务、物质奖励、精神鼓励等激励办法，激发了村民干事的内生动力，激发了党员群众对乡村治理的认同感与责任感，让干部和群众一起谋思路、想对策，凝聚正向合力推动农村大发展、大提升。

积分制“积”出了基层组织力、“积”出了内生动力、“积”出了农村生产力，积分制管理成为推进乡村有效治理的有力抓手，油溪桥村也实现了由特困村到乡村振兴典型村的完美转型。

四、保护村落遗产

传统村落中蕴藏着丰富的历史信息和文化景观，是中国农耕文明留下的最大遗产。《乡村振兴战略规划（2018—2022 年）》把乡村分为四大类进行规划和建设，一些传统村落有可能会被划入特色保护类村庄建设类别，如何发挥传统村落的作用显得特别突出。因此，要有效利用传统村落这个载体，促进传统文化与现代文明的融合，树立活态保护理念，加大村落建筑修缮保护力度，对于具有浓郁地方特色、具备农村传统文化特征的古民居、古村落要保留、保护和维修利用，避免建设性破坏，为后代子孙留下宝贵的乡村记忆和文化财富。在保护规划中一定要引入人类学者，听取这些专家对文化保护的独特见解，注重文化资源的开发和利用。摒弃形式主义的思维，以解决问题为导向表达规划成果，做到好懂、好用，方便规划管理者、工匠、村民的实施。人类在其所处环境中，创造并传承至今的独特的农业生产系统已经成为重要农业文化遗产，具有丰富的生物多样性，传统知识与技术体系和独特的生态与文化景观等，要发挥其对农业文化传承、农业可持续发展和农业功能拓展方面的科学价值，将相关的支持项目向这些农业文化遗产上倾斜，将其与休闲农业发展有机结合，探索开拓动态传承的途径、方法，努力实现文化、生态、社会和经济效益的有机统一。

案例　海南省琼海市：保留传统特色风貌，建设美丽乡村。

琼海市以美丽乡村建设为统领，尊重农民意愿，保留乡村传统特色风貌，充分挖掘乡村文化价值，实现传统与现代的有机结合，创新建设模式，促进农旅业态融合。

一是量身定制，打造特色美丽乡村。依托博鳌亚洲论坛“金字招牌”，保持和展现田园风光特色，琼海市打造兼具“国际范”与“乡土味”的博鳌美丽乡村集群。按照“一村一特色、一村一主题”的思路，结合各村的历史底蕴、资源禀赋、文化特色等，为每个乡村量身定制建设方案。椰子寨村将红色历史主题与美丽乡村建设相结合，融入地方特色，促进历史文化传承，为当地村民搭建增加新渠道，成为革命传统教育和红色旅游、乡村旅游的亮点。

二是践行“两山”理论，留住原味美丽乡村。琼海市始终坚持“绿水青山就是金山银山”理念，抓住海南建设国际旅游消费中心的大好机遇，在保护好生态环境的同时，大力推动乡村民宿、休闲渔业、特色加工等一二三产业融合发展，既做足“面子”，更做实“里子”。新改造完成的博鳌留客村，无论是稻田、花卉，还是河边的木栈道、居民住的老房子，都充分展现了本地特色和文化。

三是传承优秀乡村文化，建设现代乡村文明。琼海市在美丽乡村建设中，既注重村庄外部硬环境的整治建设，又注重村庄文化软环境的传承与创新。潭门镇排港村保留村落原有形态和格局，将渔文化融入休闲文化生态，发展渔歌文化、渔家文化，引导渔民转型转产，呈现出原汁原味的“渔家风味”。

五、开展文明评选

文明评选就是要倡导社会文明、促进文明程度的提升，推进人与人之间的和谐社会关系的建立。要发挥文明评选在乡村文化振兴中的重要作用，倡导文明新风，激励和引导乡村干部和农户家庭积极参与“文明村镇”“星级文明户”“好媳妇、好婆婆”“卫生文明户”“最美脱贫示范户”等活动，把身边的正面典型挖掘出来，引导广大干部群众评先进、学先进、当先进，弘扬向善向上的正气，采取提高星级文明户的信用贷款额度等相关配套措施，营造崇德向善、孝老爱亲、见贤思齐的良好氛围。同时，要建立乡风文明指标体系，各地可以参考指标体系开展建设，由第三方据此指标对乡风文明的整体情况进行全面评估，通过全面评估，让村容村貌干净整洁、群众文化丰富多彩、身边好人不断涌现、孝老爱亲蔚然成风。

案例　黑龙江省依安县：“五星新农家”评选，推动形成文明风尚。

围绕“卫生整洁、文明风尚、孝老爱亲、诚信守法、自强致富”，依安县在全县连续开展“五星新农家”评选活动。通过广泛宣传、活化载体、选树典型，以身边的事教育身边的人，弘扬正能量，营造了“人人争星、户户光荣”的良好氛围，提振了群众脱贫致富的精气神，激发了群众内生动力，督促群众改变不良习惯，干净整洁、友爱互助、尊老爱幼、诚实守信、勤劳致富的美德蔚然成风，有效促进了广大农民整体素质的提升和农村面貌的改变，形成淳朴民风、良好家风、和谐村风、文明乡风。

一是巧妙设计标准，营造“人人参与、户户争星”的氛围。与乡村振兴的要求相衔接，科学设计评选标准，贴近村民生活实际，让老百姓懂得努力的方向，从而有参与的动力。例如，卫生整洁星设计为三个档次，能够将自家房屋里收拾干净为三等;能够将屋里屋外、房前屋后都收拾干净为二等;如果能够将门前公共区域也收拾得很干净则是一等。

二是多措并举,积极宣传动员。为了调动村民参与的积极性,县、乡、村、户四级联动,采取多种措施,动员广大农户投身到评选活动中来,营造“懒惰致贫可耻、奋斗创造幸福”的浓厚氛围。县政府将“五星新农家”宣传语编成三句半录入小广播中;各乡镇主干道显要位置设立大型广告牌;每个中心屯悬挂固定条幅;向每个农户散发宣传单;每个农户家张贴《致广大农民朋友的一封信》。驻村工作队和村两委积极入户进行宣传动员。

三是选树典型,加大宣传,发挥榜样引领作用。选树自强致富星、卫生整洁星、文明风尚星、孝老爱亲星、诚信守法星等典型,隆重举办命名表彰大会,并颁奖致辞,以表彰先进,鼓舞士气。将“五星新农家”评选出的先进事迹装订成册,分发到各乡镇和各村屯,传播新观念、新思路、好经验。充分发挥电视台、政务网、微信公众号的作用,加大宣传力度,让群众感受到来自身边的正能量。为获得“五星新农家”称号的农户挂牌,增强其荣誉感,同时时刻提醒自己,发挥表率作用。

四是探索创新奖惩机制,弘扬正气,抵制歪风。探索设立爱心扶贫超市,动员社会爱心人士积极捐赠物品,并专门制定了针对当选“五星新农家”贫困户到超市兑换物品的制度。设立公示墙,将表现突出的家庭照片和事迹张贴到墙上,起到公示和宣传的双重作用。设立诚信黑名单制度,将失信人员列入黑名单,所有重点工作都跟诚信挂钩。

六、挖掘民间手艺

由于很多“民间手艺”大都在远离我们的生活,有一些甚至不用了,但是这些手艺中体现的工匠精神、传承的文化记忆却是需要永远铭记的,因此,必须保护好这些“民间手艺”,让“民间手艺”在现代生活中依然可以保持活力。有一些“民间手艺”被列入非遗项目,国家有专项资金支持对其进行系统性发掘、保护和传承。但非遗项目毕竟不可能实现全覆盖。当前,“民间手艺”赖以生存的经济、社会条件发生了变化,仅靠传承人和技艺的传承还远远不够,必须合理开发利用,挖掘民间手艺所蕴含的文化价值,将“民间手艺”与互联网接轨,让“民间手艺”成为新时尚,让外出游子记得住乡愁,激发大家建设家乡、发展家乡的热情，让外来的游客能参与到民间手艺的体验中，营造乡村振兴的良好氛围。一方面，设立专项资金进行系统性发掘、保护，挖掘现有的乡土文化人才，为他们搭建展示和服务的平台，采用文字记录、拍照、视频录像等方法将其完整记录下来；另一方面，应加强对新一代乡土人才的培育，搞好"传、帮、带"，形成乡土文化人才储备的良性互动，像苗绣等国宝级的传统文化和工艺，只有少数年龄大的绣娘和苗绣大师才能够领悟其精髓，大多数年轻人最多只了解其简单的工艺。还要让民间手艺依托互联网的优势，在新时代发挥其应有的价值，在传承中发展、在发展中传承。

案例　贵州省凯里市：发展苗绣产业，脱贫奔小康。

苗绣是苗族同胞在千百年历史长河中形成的独有的艺术形式，也是第一批入选国家级非物质文化遗产名录的少数民族传统手工技艺之一，称得上"民族瑰宝"。凯里市积极挖掘传统文化资源，用好苗绣这个"宝贝"，以脱贫为核心，以培训为抓手，以市场为目标，以合作社为落脚点，做大苗绣产业，在指尖上绣出一条产业致富的发展新路。

一是以培训为抓手，培育一支优秀绣娘队伍。实施"女性幸福基金"苗绣村寨扶持项目、"指尖上的幸福"妇女经济发展赋权项目，聘请多名省级苗绣大师担任培训顾问，在贫困村寨组建绣娘刺绣合作社，采取"村寨培训"和"集中培训"相结合的方式，提升绣娘刺绣水平。凯里市文产办还制作了凯里方言和苗语两个版本的苗绣视频教材。

二是以现代科技为翅膀，开拓一片广阔市场空间。凯里市积极开拓国内外市场，在中国宋庆龄基金会的协助下，先后为项目村寨争取到了联合国开发计划署、法国爱马仕、法国欧莱雅、广东景兴集团、华语影视周组委会、法国嘉人杂志等组织和企业的订单，从而增加绣娘收入。邀请国家商务部、贵州民族大学等单位的专家教授为绣娘们讲解国家在保护民族文化产业、发展电子商务等方面的政策，积极组织开展农村电商培训。陆续推出刺绣二维码、苗绣笔记本、苗绣衬衫等文创设计产品。

三是以传统技艺为载体，打造一个可持续发展的产业。凯里市组织开展暑期老少传承活动，邀请老手工艺人向少数民族青少年传授传统技能。男人们不但不再训斥妇女们在家绣花，还鼓励女人们去参加培训学习刺绣。还有相当数量的男孩也参与刺绣活动，打破了刺绣只在女孩中传承的固有思维。不仅给村寨儿童的暑期生活带来了许多欢乐，也显著提升了村里青少年儿童对自身民族文化的认同感，有力地推动了苗族刺绣的传承和保护，为项目的可持续发展和苗绣的传承奠定了坚实的基础。

七、活跃民俗节日

节日自古以来就是大众文化最有效的推广方式，各类民俗节日是广大人民群众在长期发展中所创造的精神文化，承载着不可估量的人类文化价值。活跃民俗节日不仅有利于传承和弘扬传统文化，更有利于推动中华文化的发展。由于中国数千年来都是农业社会，传统民俗节日经常把农业社会的一些基本知识融入其中。这些知识既有关于农业生产的，也有其他方面的。民俗节日的内容包罗万象，形式丰富多彩，是政治、经济、生产、生活、文化艺术、社会交际、民族心理等的综合反映，具有全息性质。民俗礼节、节庆习俗、传统艺术、民俗约定、宗教信仰等，都是乡村文化振兴的切入点。要在各种文旅结合的项目或活动中，重拾那些已经不为展演但仍存留在民众记忆中的固有节俗活动并加以改造，充分发挥想象力，创造新的活动，增加节日的吸引力，让村民和游客共同参与其中，将传统民俗变成现实中受欢迎、能够不断传承的活的文化，让游客在喜闻乐见的氛围中，耳濡目染文化的价值，增强文化认同和文化自信。

案例　河北省涉县：发展传统民俗文化，助力乡村文化振兴。

涉县，隶属于河北省邯郸市。近年来，涉县充分利用传统民俗节日，大力发展传统文化，实施文化惠民工程，提升公共文化服务水平，使乡村文化振兴事业得到长足发展。

一是以文化节日为载体，开展文化活动。充分利用端午节、中秋节等传统民族节日，引导和鼓励群众自创自办、自主开展群众性文化活动，让老百姓成为舞台的主角。举办音乐节、文化节、粽子节、丰收节、菊花节、桃花节等系列活动，通过形式多样的自编节目，说村子里的发展，唱生活上的变化，借助网络新媒体平台广泛传播。

二是成立兴趣小组，为群众提供交流平台。成立诗词协会、书画协会、自行车运动协会等，定期组织活动。比如，书协每半年在菊香书屋举办一次书展，展示交流新作品；诗词协会每当农闲时节便聚集在一起进行交流；自行车运动协会定期组织环保骑行，到文化广场进行大扫除，为创建文明城市贡献自己的力量；后营村村民自发成立诗歌协会，以诗会友，提高文化生活品位。

三是大力发展传统民俗文化。更乐镇张家庄江新村举办的颂党恩民俗灯笼文化节，对传承传统民俗、激发乡村活力起到了极大的促进作用。民俗展、花灯展让人耳目一新，穿梭于山间的走灯为镇里增添了几分繁华气息；群众挥着扇子、扭着秧歌、舞龙舞狮，一派红红火火景象；岩壁上的展板展现着当地特色小院，并附有几句古诗，让这个热闹小街多了一丝文化气息；还有手工艺者匠心独运，手工编织灯笼，让镇里充满市井风情，这些精彩纷呈的活动让山间小镇充满勃勃生机。以节日为载体，极大地调动了群众的参与热情，让传统民俗得到发扬。

第四章

乡土特色文化视角下的乡村振兴路径探究

第一节　我国传统村落的概况

我国各族人民在劳动和生活中形成了丰富多彩、精妙绝伦的传统村落。这些传统村落承载着中华民族的历史记忆，是生产生活智慧、文化艺术的结晶，是中华文明的根，寄托着中华各族儿女的乡愁。住建部会同文旅部（包括原文化部）、财政部等先后多次组织传统村落调查，分五批将 6819 个有重要保护价值的村落列入了中国传统村落名录。住建部、国家文物局也联合认定了七批中国历史文化名镇名村，其中名镇 312 个、名村 487 个。这些历史文化名村与传统村落有一定的重复和交叉。随着大量农村人口的转移，合村并居、城镇化建设的拆迁、易地扶贫搬迁等越来越普遍，尤其是《乡村振兴战略规划（2018—2022 年）》提出要根据发展现状、区位条件、资源禀赋等，将村庄划分为集聚提升类村庄、城郊融合类村庄、特色保护类村庄和搬迁撤并类村庄 4 种不同类型，并明确要求分类推进。其中一部分传统村落是特色保护类村庄，还有一部分面临着搬迁撤并的风险。相当一部分传统村落坐落于刚刚脱贫的地区，脱贫地区发展经济的任务十分艰巨，保护传统村落面临的形势日益严峻，统筹保护和开发迫在眉睫。

第二节　传统村落的保护与开发

一、保护传统村落的主要措施

(一)在地方层面建立工作协调机制

在省级层面,大部分省都建立了省级传统村落保护发展工作联席会议制度,由分管副省长任联席会议总召集人,住房城乡建设厅、财政厅、自然资源厅、农业农村厅、文化旅游厅、文物局等部门负责人为成员,统筹协调全省传统村落保护工作,联席会议办公室一般设在省住房城乡建设厅。市州、县市区也建立了领导协调机制,统筹协调做好传统村落保护发展工作。那些有传统村落的乡镇都明确了专门人员配合做好监督管理工作,传统村落所在的村将保护要求也纳入了村规民约。

(二)国家层面下发保护政策文件

中共中央国务院印发的《乡村振兴战略规划(2018—2022 年)》明确指出,历史文化名村、传统村落、少数民族特色村寨、特色景观旅游名村等自然历史文化特色资源丰富的村庄,是彰显和传承中华优秀传统文化的重要载体。要统筹保护、利用与发展的关系,努力保持村庄的完整性、真实性和延续性。住建部等部门联合印发了《关于切实加强中国传统村落保护的指导意见》,在认定五批中国传统村落和七批中国历史文化名镇名村的基础上,为完善中国传统村落名录制度,切实加强中国传统村落保护,还印发了《中国传统村落警示和退出暂行规定(试行)》。同时,北京、湖南、云南、河南、安徽等省(市)专门出台了关于加强传统村落保护发展的指导意见。

(三)争取各类资金支持

中央财政对国家认定的传统村落支持力度为平均每村 300 万元,补助资金主要用于传统村落人居环境改善及“一事一议”财政奖补项目实施,改善传统村落的道路基础设施、污水治理和垃圾处理等人居环境。地方财政对传统村落保护也有一定的支持，但是力度一般根据地方财政的实力和重视程度来确定，例如，河南省级财政对每个村庄的估算投资总额不超过500万元。一些交通比较方便、特色比较鲜明的传统村落往往有社会资本介入，支持其开展企业化经营。

（四）制定保护发展规划

各地按照中华人民共和国《城乡规划法》以及《传统村落保护发展规划编制基本要求》编制和审批传统村落保护发展规划，在规划审批前，还通过住建部、文旅部、国家文物局、财政部组织的技术审查，尤其是涉及文物保护单位的，编制文物保护规划并履行相关程序后纳入保护发展规划。涉及非物质文化遗产代表性项目保护单位的，由保护单位制定保护措施，报经评定该项目的文化主管部门同意后，纳入保护发展规划。

二、传统村落的开发情况

（一）农业农村部门推进开发

一般是农业农村部门在推进传统村落的开发工作。一是积极配合相关部门抓好传统村落的保护、文化传承和开发工作，并积极协调上级部门争取资金的投入，为加强传统村落的开发与保护工作献计献策。二是结合传统村落的保护，进行合理开发，扶持发展休闲农业和乡村旅游，并涌现出了一批先进典型。

（二）企业整体接管开发

一些传统村落被企业看中以后，村民全体搬出来，由企业整体接管并开发。云南省沧源佤族自治县翁丁村老寨由沧源县文化旅游产业开发投资有限公司开发，打造翁丁村老寨旅游产业，各类投资已达2亿多元。翁丁被规划为景区后，当地不仅给村民在新寨修建了新房子，柏油硬化路也修到了每家每户门口。

（三）企业与村民共同开发

一些企业与村民共同开发传统村落的资源，既带动了村落发展的活力，又促进了村民的增收致富。例如，安徽省黟县宏村引入中坤公司，整体开发宏村的传统村落资源。在中坤公司的积极推动下，宏村被列为联合国教科文组织的世界文化遗产名录，由此带来了大量的旅游收入，公司和村民按照一定的比例对门票收入进行分成。

（四）非营利机构与村民共同开发

为了更好地保护传统村落的风貌，一些非营利机构也参与到传统村落的开发和保护中。例如，中国城市规划设计研究院、北京大学、北京建筑大学等联合团队在安徽省潜山万涧村、绩溪尚村两地开展皖南传统村落保护试点项目，以多专业协同的陪伴式规划，综合解决传统村落在传统建筑、社会组织、产业发展、文化传承等领域的问题，探索出了兼顾村落保护与可持续发展的传统村落保护和开发模式。

三、传统村落保护和开发中存在的突出问题

传统村落空心化、空巢化甚至消失的现象越发突出，保护与开发过程中仍然存在诸多亟待解决的现实问题。

（一）资金投入严重不足

资金不足已严重影响对传统村落的保护。受自身经济能力和有关规定的影响，很多村民仍把古民居用作住宅。由于年代久远，必须进行经常性维修，但是自身维修技术和费用都不够，使得村民对民居的维修更多地停留在使用上，而非保护民居的原真性。巨额维修费用增加了居民的负担，也制约了传统村落价值的实现。而且一些传统村落的木质结构房屋区别于其他窑洞型、石板型、蒙古包型和砖混型等古建村落，且是民族聚寨而居，依山而建，民族村寨木质结构连片，存在先天性火灾隐患。由于投入不足，消防体系建设落后，往往会出现一家失火、全寨遭殃的严重后果。

（二）整体保护理念缺乏

由于缺乏整体保护理念，村民改善自身居住条件的愿望与保护传统村落的矛盾日益尖锐，直接导致部分村民改建、扩建其拥有的古民居。还有的地方大力推动乡村旅游产业，在享受经济实惠的同时，忽视了对环境、资源与民俗的保护，建设“人为”的传统村落。有的村民为了经商需要，随意搭建用房，破坏了村

庄整体格局。一些地方政府忽视对村民的教育及引导,以至于许多传统村落存在不同程度的“脏乱差”现象,影响传统村落的品质。加上旅游开发导致游客大量涌入村落,对传统村落的环境承受能力提出了巨大挑战,在一定程度上造成了环境破坏和污染。

(三)开发中丢掉了神韵

有的地方只注意到了传统村落的经济价值,忽视了其文化价值、社会价值,把旅游开发当作传统村落保护发展的主要甚至唯一出路。而经济价值只是传统村落全部价值中很小的一部分,因为开发而丢掉了神韵,可能导致传统村落得而复失。如果通过开发使原本宁静的村落变得喧嚣起来,古朴的村寨成为简单的商品卖场,那么传统村落就会逐渐失去其原生态的美,也会丢失乡愁记忆。因此,保护和开发应该达到一种平衡,只有把神韵保护下来才能考虑合理利用,利用得当才是有效的保护。

(四)相关法律法规滞后

虽然有全国性的《中华人民共和国文物保护法》《中华人民共和国非物质文化遗产法》可依据,但是作为物质文化遗产与非物质文化遗产共存的传统村落保护往往与发展构成矛盾,还缺少专门的法律法规来加以规范。传统村落本身从属于地方政府的行政管辖,保护涉及部门较多,难以形成合力,如文物部门负责村落中文物保护单位本体的维修,住建部门负责规划和建设,而村民基层组织则更加注重经济效益和居住条件。

(五)村民参与积极性不够

传统村落是呵护和守护好民族文化的重要载体,而村落保护的参与主体却处于被动地位。一些传统村落的村民生活得不到有效保障,青壮年劳动力只能外出打工,村子里基本只留下老年人和在读学生。这部分留守人群难以参与到传统村落的保护中,对于国家政策知之甚少。居民改善居住条件和传统村落保护间的矛盾越来越突出,很多老宅的陈旧格局及落后配套措施已无法适应现代生活的要求。缺少了村民的主动参与,传统村落保护的各项措施很难落到实处。

四、加快建立传统村落保护与开发相协调的体制机制的建议

中国传统村落的保护和开发是继文物保护单位、历史文化名城、名镇、名村之后一项新的工作。传统村落保护与开发应根据党的十九届五中全会提出的“保护传统村落和乡村风貌”的要求，充分考虑传统村落村民的实际需求，坚持规划先行、统筹指导，整体保护、兼顾发展，活态传承、合理利用，政府引导、村民参与的原则，既注重保护又注重发展，合理利用传统村落各种资源，在发展中更好地进行保护，让传统村落的优秀历史文化得到延续和传承，活在当下。

（一）建立部际联席会议制度

要建立传统村落保护部际联席会议制度，在部际层面由中央农办、住建部、文旅部、国家文物局、财政部、自然资源部、农业农村部、国家乡村振兴局等部门共同建立传统村落保护联席会议制度，由国务院分管领导统一协调，办公室设在中央农办，协调推进传统村落保护，并鼓励各部门将产业支持政策结合到支持传统村落保护和开发中。加快推进相关法律法规的建立和完善，加强保护和开发的正式制度约束。

（二）要明确保护的优先序

传统村落的保护是一项庞大的系统工作，要建立整体保护的理念，鼓励每个传统村落都制订规划，明确保护优先序。首先，作为最具代表性的文物“典型民居”属于绝对保护区，应立即进行维修保护；其次，配套的建筑如亭子、道路等属于重点保护区，可以先予以集体保护；最后，村落的整体环境和周边的林地、山岗、河流等属于环境协调区，可以进行整体保护。在实物保护的基础上，兼顾文化、人才、民俗传统等的保护。

（三）广泛吸纳多元投资主体

传统村落是国家的财富，必须投入较大的财政资金和给予技术力量支持。除此之外，还要尽可能动员社会力量诸如村民、专家学者、各类社会团体等的参与，鼓励企业、民间机构、事业单位、协会组织等对传统村落的保护进行投资或者捐赠，实现资金来源多元化、投资常态化。

(四)研发利用传统村落资源

遵循监管和开发并重的原则,推动传统村落发挥应有的作用。在监管上,有关部门要严格执法,确保其不会遭到破坏;在开发上,积极创新传统村落的管理模式,推动其不断走向繁荣。积极倡导“授之以渔”,在政府指导和保护传统村落价值的前提下,充分发挥民间自身的作用,渐进地进行合理开发利用。加大转移支付力度,不断提高社会保障水平,提高村民的转移性收入水平,充分发挥村民作为参与主体的作用。

(五)培养村庄的文化传人

村庄里大量独特的历史记忆、宗族传衍、俚语方言、乡约乡规、生产方式等,作为一种独特的精神文化内涵,因村落的存在而存在。因此,要加强村民尤其是年轻人对本村传统文化的学习。积极活跃创新各类民俗节日活动内容,以其新内涵激发年青一代参与的兴趣与热情,同时鼓励游客参与各种民俗和节日庆祝活动,达到宣传、保护和挖掘这些有形和无形资产的目的。

(六)切实加强消防系统建设

要以曾经发生过火灾的传统村落作为典型案例,以解决传统村落的消防安全布局、消防通道、消防水源、消防设施、消防通信等为突破口,着力解决制约消防工作发展的根本性问题,全面建设传统村落的消防系统,彻底扭转火烧连营的被动局面。根据网格化管理的要求加大消防设施的投入力度,加强各种形式消防宣传,组成片区的应急消防队,运用智能报警、“大数据+电气防火”等高科技手段,做到随时掌握,全天候了解。

五、传统村落保护与利用的王硇之路

王硇村是河北省邢台市的一个古村,于 2013 年被列入第二批中国传统村落,还是中国历史文化名村,中国最具魅力休闲乡村。

(一)王硇村的历史演变与主要特征

王硇村位于太行山区,村庄发展历史悠久,据现存清代碑石记载,王硇村现居王姓始祖王得才原籍四川省成都府两岗村，明朝永乐年间，王得才官任朝廷武官，某年奉命往京都押解皇纲，行至河南至河北两省交界处，遭强人劫掠，王得才自感无法向朝廷交差，又恐官府追查，灭门九族，遂遣散人马，落荒而逃。先逃至沙河市正招村和下郑村，因这些村紧邻官道，怕被发现，后逃至王硇，在此定居下来建房置产，繁衍后代。王得才一脉现已传至23世，600多年。

王硇村现有240余户，830人，村域面积20余平方千米，其中耕地面积56.9公顷，属沙河市柴关乡管辖，地势四周多山，沟壑纵横，属暖温带半湿润区，大陆性季风气候明显，四季分明，年平均气温11.4℃，年降水量750毫米。

王硇村最为出彩的是古石楼民居及其形成的石楼建筑群，这些石楼具有四川与太行山区建筑风格相融合的特征，并具有战争防御功能。石楼的墙壁用丹霞岩红石条垒砌而成，顶部一色青瓦，建筑高度多为二层或三层，最高达18米，院落结构多为套院结构，且家家墙体互联，院院暗道相通，个别院落有隐秘的地窖或地道通村外，楼顶建有碉楼，当地人称其为“耳房”，碉楼上留有瞭望孔，一旦发现敌人，石楼内的人会在短时间内转移。目前，仍保存完好的石楼有130处，房屋2000间，石楼群建筑总面积72 000多平方米，占全村建筑总面积的三分之二以上，其中建于民国之前的楼房36座360余间。

（二）传统村落的保护

21世纪初，王硇村关停了采石场，防止工业发展对生态环境的破坏，开始在四周的山上植树造林，逐步改善环境。

利用传统村落保护资金，一是投资150万元进行了古民居的修缮，尤其是老化严重的明、清时期的古石楼。尽量按照原有样式，对房顶、门楼进行保护性修复。二是投资150万元用于农村基础设施改善，重新修建进村道路，由原来的3米拓宽至6米，对村内的道路重新用石板进行了铺设，方便了村民的进出；特别是对农村的上下水进行了改造，在村内选址并开挖深水井，并铺设自来水和下水管道，目前全村居民家庭都用上了自来水和抽水马桶，在村北建设污水处理厂，进行生活污水的处理。

（三）传统村落的复兴

村里借助古石楼建筑群和优美的自然环境开始发展乡村旅游，通过乡村旅游带动一二产业的发展，实现农村一二三产业的融合。

1. 乡村旅游发展

王硇村旅游发展的特点在于发展多种旅游形式，通过“古石楼观光＋农业景观＋家族文化＋庙宇文化＋徒步健身＋红色文化＋饮食文化”相结合，打破了休闲农业发展中的季节性限制，同时延长了游客停留时间，增加了休闲农业的收益。

在古石楼观光中，规划了观光路线，从村民中选拔2名导游，进行系统的讲解。从王亚平的第一家农家乐开始，目前全村已发展农家乐18家，有床位100多张。据王亚平介绍，游客来的时间以周末和法定节假日为主，冬季偏少，他经营的农家乐有3个房间，8个床位，每个房间的售价为100～120元/晚，同时为游客提供餐饮，主要以地方特色饮食为主，如饸饹面、大锅菜等。每个周末营业收入保守估计在2000元左右，在五一假日期间，每日仅餐饮总收入就有5000～6000元。

王硇村四面环山，是户外运动爱好者不可多得的徒步健身的好去处。山上生长最多的为黄栌树，约20 000亩，每到秋季，栌叶变红，漫山遍野，通红一片，景色尤为壮观。几百年来，勤劳的村民在村周边开垦梯田，从山上望去，层层梯田尽收眼底，如“山上的诗行”，记载了王硇村民的劳动智慧。

2. 乡村文化传承

王硇村王氏家族代代相传，村里建设了“王家祠堂”，保存了家传族谱和家训，展示世世代代涌现出的王氏名人，如民国志士王树棠、科技精英王树楠、著名画家王鸿。还建设了村史馆，记载了王硇村发展的重大事件和主要成就，在相关专家的协助下，编制了《王硇村志》，为研究王硇村积累了宝贵资料。

王硇村的道教文化和佛教文化源远流长，在红枫山顶有奶奶庙（相传为三霄娘娘讲经布道之所），当地企业投资700余万元对红枫奶奶庙进行了重新建设，周围来此祈福的群众络绎不绝。

王硇村还是红色文化教育基地，抗日战争期间，王硇村不仅是中共沙河县委、县政府的驻地，而且与柴关村一起，曾是中共沙河市和沙河市抗日政府所辖二区的区委机关驻地，由于王硇村地处太行山腹地，常有从涉县、武安方向过来的太行抗日革命根据地与八路军一二九师的重要党和军队领导人指挥战役和指导沙河市的抗日工作。

3. 特色农业发展

当地因地制宜，发展特色农业，在原有杂粮种植的基础上，种植林果，如新发展了 2000 亩的薄皮核桃树，规划种植了苹果树等，一是可以形成农业景观，二是发展优质特色林果。目前已经形成了王硇苹果、核桃、小米等品牌。在旅游发展的带动下，当地小米价格明显高于市场价格。

4. 传统手艺复兴

织布在当地是一个传统手工艺，据村民介绍，当地妇女一般都掌握织布的技艺，但是随着现代纺织业的发展，一些传统的工艺渐渐消失。随着旅游业的发展，村里的妇女重新捡起了织布技艺，如金梭姐妹粗布店，以传统的工艺进行布料加工，由于绿色、舒适的特点，获得游客的喜爱，并且通过游客的宣传，市场名气越来越大，店里的产品供不应求。

（四）传统村落保护与利用的困境

1. 保护资金缺乏长效机制

能获得的相关扶持资金仅有传统村落专项资金，然而相对于修缮资金需求量，传统村落的专项资金还远远不够。据介绍，传统民居的修缮成本较高，相关材料费用较高，技术工人少，人工成本高，仅修缮房顶所需的费用就要 500 元/平方米，门楼修缮的成本在 5000 元/个。由于村集体经济发展缓慢，除了维持村落用水、管理等费用外，用于古石楼修缮的资金严重不足。

2. 闲置的古民居利用

一些古石楼长期闲置，由于无人居住，加速石楼的老化，即使进行保护性修缮后，还面临着无人居住的问题，如何盘活这部分资源，是传统村落保护面临的一个问题。

3. 农村人口的迁移

当地青壮年劳动力大量外出，在村里很难见到年轻人。由于小学合并政策，该村的小学生要到外村上学，部分人为寻求更好的教育资源，举家搬迁到城里，加速了农村人口的转移，导致石楼闲置的现象更加突出，经营农村一二三产业的优质劳动力缺乏。

4. 旅游接待与管理问题

旅游接待能力还很有限，大量游客短时间涌入，容易导致人满为患，影响游客的旅游舒适度，不利于当地旅游品牌建设。大量游客的涌入也会对当地的水资源、生态、环境、卫生状况造成压力。旅游管理人才缺乏，能够使用互联网进行旅游宣传、推介等的能力有限，旅游发展的管理水平不高，农家乐主要以自我发展为主，组织化程度不高。

(五)关于传统村落保护的讨论与启示

1. 关于门票

经当地物价局批准，王硇村已经开始对游客收取门票，但村干部介绍，收取门票也是不得已而为之，由于村集体收入较少，门票的收入主要是维持村里正常的管理需求，但是收取门票往往会影响旅游人数，造成游客数量减少。

2. 关于保护资金问题

在村集体经济发展相对较弱时，笔者建议政府加大对保护资金的投入，帮助村里走向自我维持和发展的道路，而且要整合相关部门的扶持政策，帮助村集体做强做大。在保护村落和村民利益的前提下，合理利用外部工商资本。

3. 关于闲置民居利用问题

在科学规划、合理使用的基础上，引导村民将闲置的古石楼以出租、入股等形式予以盘活。

4. 关于旅游管理

委托专业的旅游公司进行规划设计、旅游管理方案建设，加强旅游监测，对游客数量、出行时间等方面进行科学研究，为科学的旅游管理提供决策支持。

案例　翁丁村老寨被毁的警示。

2021 年 2 月 14 日，云南省翁丁村老寨突发大火，短短数小时内，整座老寨几乎被大火夷为平地。翁丁村老寨拥有 400 多年历史，是中国佤族历史文化和传统建筑风格的原生态村落。翁丁，在佤语中意思是“云雾缭绕的地方”，古寨内佤族传统“干栏式”茅草房、图腾柱、剽牛桩、木鼓房等保存完好，被誉为“中国最后的原始部落”。翁丁村老寨先后被评为“中国传统村落”“中国历史文化名村”“云南省级文物保护单位”，2020 年被评为 4A 级旅游景区。近几年，翁丁村老寨每年接待游客数十万人次。大火过后，翁丁村老寨内的佤族传统“干栏式”茅草房几乎被全部烧光，百余栋房屋只剩三四栋，损失惨重。

(六)传统村落火灾发生原因及主要隐患

近年来，传统村落发生火灾已不是个别现象，云南省独克宗古城突发大火，

300 多座老屋被烧毁;贵州省镇远县报京乡报京大寨火灾,造成 1000 余间房屋受损;云南省丽江古城景区发生火灾,13 户 103 间建筑被烧。传统村落火灾发生既有普通村庄存在的问题,又有区别于普通村庄的原因。

1. 火灾发生原因看

以贵州省为例,根据传统村落火灾分析,主要原因可归纳为电气、生活不慎、生产作业、玩火、故意纵火等。其中,电气火灾占比最高,为 42.5%,主要为电线老化、短路、其他故障引发明火导致。生活不慎引发的火灾具体包含吸烟、燃放烟花、厨房做饭等,占比为 25.8%;不明原因引起的农村火灾发生占比为 9.6%,小孩玩火、故意纵火、其他原因引发的火灾占比分别为 6.3%、5.6%、5.5%;生产作业、自然、雷击引发的火灾则为小概率事件。作为传统村落,商业和旅游增加了用火频度,例如,原先居民的住宅,改造为商店后增大了建筑内的火灾荷载密度,改造为餐饮店后增加了使用明火的频次,改造为娱乐场所后增加了用电负荷,这些都增加了火灾风险。云贵地区的传统村落以木结构为主,往往密集连片,一旦某处木构件发生火灾,不可避免地将会出现大面积的火势蔓延。

2. 从防灾管理看

一是很多传统村落将财政补助资金主要用于道路建设、供水、垃圾处理等人居环境改善,对消防设施投入欠账较多。二是一些古村落中有的消防栓只是摆设,消防栓水压不足或者没有接通水管的情况时有发生。翁丁村老寨火灾的重要教训之一就是消防设施配置不完善,没有按照消防要求配置公共消防设施和建筑内部的消防设施,未能有效规避"火烧连营"的情况。三是地方政府和有关部门消防安全责任落实不到位,对消防安全认识不足,消防安全管理制度不健全,日常管理、消防演练流于形式,导致发生火灾时未能及时处置。

(七)他山之石:日本传统村落的消防安全经验

白川乡位于日本岐阜县,那里的传统乡村建筑形式"合掌造"保留完整。合掌造起源于日本古时 13 世纪(约 1190 年前后),全屋采用木质结构,不用一根钉子,屋顶以茅草覆盖,呈"人"字形,如同双手合掌。白川乡现保存完整的"合掌造"100 多栋,居住 600 多人,这里也被叫作"合掌村",入选为世界文化遗产。

合掌村的房屋都为茅草木质结构,在预防火灾方面也积累了宝贵经验。一是村庄地处山谷谷地，河流穿村而过，上有水库，能够保障充足的应急水源。二是建筑布局稀疏，房屋之间有庄稼地、道路、水塘作为防火隔离。三是消防设施配置完善，全村共有59台喷水枪、34台露天消防栓、28台室内消防栓，足够及时扑灭早期火灾和小型火灾。四是建筑内部注重防火细节设计，如火炉上方设置防火隔板，防止燃烧火星随热气流点燃屋顶；燃气罐或燃气管道、空调设备等都规定放置于室外。五是注重居民防火意识培养。要求居民熟悉消防灭火工具位置和使用方法，每年定期组织防火演习，消防栓的喷水场景已成为吸引游客的景观，进而对游客的消防安全也是一种教育。

（八）筑牢传统村落消防安全的对策和建议

传统村落是民族的宝贵遗产，凝结着历史的记忆，也是不可再生的、潜在的旅游资源。我国已有5批共6819个村落被列入“中国传统村落名录”。要从防灾设施、消防管理、居民意识等方面施策，保障传统村落远离火灾。

1.健全消防设施建设

传统村落在修缮过程中，要有专门的消防规划，合理布局建设消防水池、消防通道、消防栓等，消防设施的外观设计尽量与传统村落的风格相匹配。村里配备小型、轻便、高效、灵活机动的灭火救援装备和器材。以木质房屋为主的传统村落，房屋修缮和改造要充分考虑防火，引导每家每户配备灭火器。

2.提高应急能力

完善应急机制，认真做好消防演练，不能只走过场。提高基层消防巡查执法和及时处置火灾能力，与村（居）委会的义务或者志愿消防专业队伍进行无缝对接，全面提升传统村落火灾防控综合能力。科学研判旅游、商业开发所带来的火灾风险，针对各项风险提出有效的防控措施。

3.落实监管责任

强化火灾隐患排查整治工作，落实相关部门责任，加强传统村落的建筑、商铺、民宿、人员密集场所等消防专项治理工作，切实消除火灾隐患。明确公共消防基础设施的建设、管理、维护和使用主体。

4.提高防灾意识

加强当地居民、游客等主体的防灾意识，定期开展防火教育宣传。鼓励传统村落成立消防宣传队，开展日常防火宣传，尤其是加大春冬季节防火宣传。做好重大节日和节庆活动的防火工作，做实做细预案，提高居民在游客较多时的防火意识。

第三节　村落特色文化体系的提炼与培育

一、村落特色文化体系提炼

（一）村落特色文化资源开发链及其诠释

村落特色文化资源开发链如图 4-1 所示。

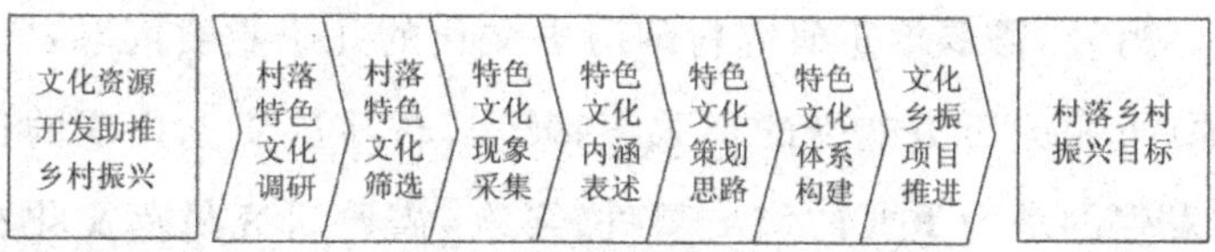

图 4-1　村落特色文化资源开发链

村落特色文化资源开发链包括村落特色文化调研、村落特色文化筛选、特色文化现象采集、特色文化内涵表述、特色文化策划思路、特色文化体系构建和文化乡振项目推进七个环节，其中村落特色文化筛选和特色文化现象采集又可以合为村落特色文化选择环节。

1. 村落特色文化调研

村落文化就是生活在村落里的人们世代认同的生活习惯和价值规范。村落文化具有饱含内涵的过去，也有现实和未来保护和发展的需要，因此，从时间上来说，深入挖掘村落文化的过去、查看村落文化的现状、明晰村落文化的未来，能够呈现一种清晰的时间脉络关系。通过确立这种时间脉络的调研思路，明确村落文化的变迁，对于全面理解当地村落文化的内涵，具有极其重要的价值。同时，村落文化既有物质文化遗产也有非物质文化遗产，这两种遗产以“显性”和“隐性”的特征呈现，也是在调研过程中需要重视并给予特别关注的。综上，对村落特色文化的调研思路应确立两条主线，其一是时间主线，通过厘清村落文化的时空脉络，探寻村落文化的过去、现在与将来；其二是空间主线，从“显性”和“隐性”的角度明确村落文化遗产的属性，对村落文化遗产进行整理、挖掘和研究。深度融入村民生活是村落特色文化调研成功的关键。

2. 村落特色文化选择

(1)村落特色文化筛选

村落特色文化的筛选要着重寻找村落精神的源头活水。每一个村落都有其存在的理由，当人们决定在此定居，并使其发展成为一个村落时，必然有其深层次的理由。同时，村落在长期发展中沉淀了文化底蕴，具备了深刻的人文内涵，可称之为村落精神，村落精神具备磁性，能使其他村落功能不断附于其上，因此，探寻村落精神的源头，是村落特色文化筛选的重要工作。

在这个问题上，我们需要了解村落的历史沿革、村落的兴废变迁、地形地貌状况等要素，综合考量、全面判定。主要的研究方法着重在田野调查与文献调查两个方法。另外，需要着重研究村落历史文化的几个重要问题：首先，村落形成的时间、原因、相关历史文献的记载等；其次，村落历史上出现的比较特殊的历史人物和发生的最为重要的历史事件；再次，需要研究村落文化在历史上的功能以及在地方乡土文化发展中起到过的作用；最后，需要重点关注当地县志、村志、族谱中关于本村的历史记载，其中，村落文化名人的碑文石刻、经典著作等其他相关研究成果也有十分重要的参考价值。

在采集以上资料的基础上，进行村落的特色文化筛选，包括中华传统文化的代表性特色文化和乡土文化的代表性特色文化筛选，比如，屏南县北墘村的孝文化（村落代表性的传统特色文化）和黄酒文化（村落代表性的乡土特色文化）。筛选要遵循典型性原则（最能反映和代表村落特色的典型文化特征）、可据原则（可找到支撑证据）、独特性原则（能够体现差异化的独特文化元素和特征）和大多数村民认同原则。

村落特色文化调研筛选过程对村民来说既是极好的文化传承的学习机会，同时也是极好的文化自觉提升的过程，从对自己村落特色乡土文化的模糊认识状态转变为清楚认同状态，让尽可能多的村民参与讨论是村落特色文化提炼的关键。

(2)村落特色文化现象采集

确定村落的特色中华传统文化和特色乡土文化之后的下一步工作就是要进行村落特色文化现象采集，为村落的特色中华传统文化和特色乡土文化提供支撑。村落特色文化现象采集包括“显性”现象采集和“隐性”现象采集。

“显性”现象采集需重点关注村落格局和建筑遗产等。村落格局即村落的整体空间结构，它承载着村落人文空间的精神内涵，也是村落物质空间要素的基础。村落格局对于村落来说正如人的躯干，需要我们从整体上进行综合考量，才能从宏观上把握好村落文化，因此，村落格局调研对传承和延续村落文化精神起着不可或缺的作用。对村落格局的调研研究，重点应关注村落主干、村落边界、结构分布、标志性建筑和公共空间等。历史建筑包括碑文石刻等是村落文化的重要组成部分，是地方文化的最直接体现，它承载着村落文化传统，是历史的见证，也是村落历史文化的基本组成元素。可以用手绘速写的方式对村落格局和建筑遗产等具体要素进行记录，并形成相应图纸，完成对村落空间格局和建筑遗产的整体现象采集。

“隐性”现象采集需重点采集地方人文、民俗风情等。乡土人文是乡土的软实力，是村落精神的重要体现。它是隐性的，广泛存在于村落的各种文献典籍、碑文石刻等诸多历史遗迹中，这些需要充分去挖掘、整理、理解并最终达到文化传承与延续的目的。民俗风情为人们认识村落的历史文化提供了一个独特的视角，也是一个村落精神的集中体现，因此，对民俗风情资源的调研和挖掘同样至关重要。中华人民共和国国家标准《旅游资源分类、调查与评价》中将民俗风情类资源分为八大类：民族特色、地方信仰、风俗习惯、民间工艺、饮食文化、地方曲艺、特色服饰、庙会与集会。这些均是在村落文化现象采集过程中需要重点关注的“隐性”要素。

(3)村落特色文化内涵表达

村落特色文化内涵表达即对村落的特色文化现象进行提炼，归纳出其典型特征和核心概念，并用文字描述出来，形成村落的特色文化内涵的表述。内涵表达的关键是明确村落的核心特色是什么，是以什么文化理念及亮点特色作为村落的灵魂，这是村落的核心价值观，是村落文化内涵的凝练与外化表达的核心所在。村落特色文化内涵表达需把握以下几个原则：

首先，差异化原则。村落特色文化内涵的特色性和差异性是避免“千村一面”同质化现象的源泉，因此，在内涵表述上，要先把握差异化原则，深入挖掘村落资源的最核心的乡土文化典型特征，寻找村落自身的独特性和差异性，经过提升和凝练后凸显村落特色文化，达到“人无我有，人有我优”，达到差异化明显。

其次，易理解原则。对于村落特色文化的典型特征和核心概念的表达要易于被村民理解，符合大众认知的要求。若所传达的精神内涵晦涩难懂，则很难被大众接受，即使蕴含深厚的文化内涵也无法被人们认同和感知。

最后，典型性原则。根据村落的文化资源与当地的地域性特点，村落文化有多种文化形态，表现出多种形式的文化特征。因此，在进行村落核心文化内涵表达时必须坚持典型性原则，着重考虑那些与村落发展相契合的和大多数村民所共同认同、产生共鸣的文化元素和文化特征。

3. 特色文化策划思路

村落具有独特的文化内涵、淳朴的民风、美丽的自然景观，通过对村落资源进行价值评估，确定其市场价值，明确村落文化资源的开发方向。在具体的文化资源开发过程中，表现为以下几个方面：

首先，应结合实际，全面系统地考察文化资源，实事求是地掌握内外部环境，客观判断村落文化资源的优势和劣势，重点突出地方特色，营造村落文化主题氛围，通过不同的项目设置丰富的主题体验，形成差异化的开发模式。例如，可以根据当地的特色自然风光设置游览山水的主题体验，可以通过村落的特色建筑设置历史文化熏陶的主题体验等。

其次，挖掘村落文化资源，开发文化产品。村落文化通过产品的开发创造能满足人们对追求美的体验和享受的需要，村落文化产品蕴含的文化价值观念也能影响人们的行为和思想，实现优秀文化的传播。而文化产品的灵魂是文化，决定村落文化产品本质的是村落文化的思想内涵和审美价值。因此，要以突出本土性、注重形式多样性、保障原创性和创新性为原则，生产符合市场需求的、具备竞争力的文化产品。

再次，打造村落文化旅游产业链，创造村落文化旅游的品牌效应。在以上基础上，以村落为平台，以村落文化内涵消费为核心、村落文化产品消费为辅助，打造集吃、住、行、乐、购等于一体的村落文化开发样式，打造村落文化旅游产业链，走文化旅游相融合的道路。

最后，要培育村落文化传承、保护和开发主体。通过乡土教育、农民和乡村文化人主体性作用的激发、村落文化传承、保护和开发主体多元化推动等举措，培育村落文化资源开发的主体性动力。

4. 特色文化体系构建

按特色文化核心元素子体系、特色文化应用子体系和特色文化载体子体系三个部分来构建村落特色文化体系，如图 4-2 所示。

图 4-2　村落特色文化体系的结构

村落特色文化核心元素子体系的构建主要是将村落特色文化，通过资源梳理与整合，提炼出能够体现该村落特色精神，具有品牌意义和价值的核心文化理念，并以此核心文化理念为基础形成村落的标识、村旗、村标、村歌和主口号等元素，形成村落特色文化核心元素子体系。

村落特色文化应用子体系主要包括文化创意产业、特色文化＋传统产业、文化旅游业、乡风民约、文化传承基地和村民文化活动等。传统村落的建设包括商业、居住、公共服务和生产等综合符合功能，可以从吃穿住用的微观层面，根据实际情况组建项目团队，打通设计学等相关学科的专业壁垒，组建涵盖文化创意产业、工艺美术、环境设计、视觉传达设计和新媒体艺术设计等方面专业的人才团队，以设计为中介，以创意为手段，加大学科交叉互补的力度，通过“特色文化＋创意＋农业”“特色文化＋创意＋游学”“特色文化＋创意＋体验”等方式，将村落特色文化进行具体的应用，为乡土资源和乡土产品找到创新开发路径，打造民俗文化节、民间集市、特色乡风民约和特色文化活动等丰富多彩的品牌活动，建构起村落特色文化应用子体系。

文化需要通过载体进行信息传递和具体呈现。村落的制度文化、环境文化和艺术文化正是通过各自的载体向人们传递和呈现其文化内涵。村落制度文化的载体是村落的具体规范、族谱或文化手册。族规、祖训严格地规范和约束村民的行为，对村民管理和村落建设等施加影响。村落环境文化的载体是村落的整体环境布局，体现了村民对居住环境的追求与营造程度，形成一定的文化意象。具体可以通过文化景观标识和文化遗迹点等载体体现出来。村落艺术文化的载体是村落的民俗、歌舞、手工艺品或建筑技艺品等。具体可以通过民俗文化活动、传统文化博物馆、乡土文化博物馆和文化漫画墙等载体呈现。

5.文化乡振项目推进

设计和推进特色文化+乡村振兴重点项目必须注意以下几个问题。

(1)必须充分挖掘村落文化的价值,传承好优秀传统文化基因

要善于发现传统村落文化中的优秀基因,提炼其积极的精神内核,用现代话语体系予以诠释,使之通过项目的推进作用于村民的行为规范和价值观念,提高文化自觉,增强文化自信。

(2)必须因地制宜

根据乡村实际和当地乡村振兴战略部署,确定重点开发和推进项目。这些项目既要依托乡村物质形态的文化,如清明祭祖等传统民俗文化活动和传统村落、古建筑或文物古迹等的保护和利用,也要重视精神文化建设和制度文化建设,如乡规民约、家风家书等,通过项目的推动,在创新中融合、发展、振兴,使村落文化焕发新的生机活力。

(3)必须发掘和培养乡村振兴文化骨干力量

乡村振兴的关键在于人,文化推动乡村振兴必然需要积极主动参与的乡村文化骨干力量。因此,在项目设计和推进过程中,要注重通过政策激励,调动广大农村参与文化乡村振兴项目的积极性,吸引优秀的乡贤人才回归;要加强对乡村文化骨干力量的培养,重点在乡村开展各种文化培训班、在当地的中小学增设相关文化的兴趣班等;要充分利用节庆系列文化活动,丰富乡村文化市场,提高广大农民参与的积极性。

(二)村落特色文化资源开发链的特点分析

总体而言,村落特色文化资源开发链具有如下几个特点。

1.以村落文化为抓手

一方面为村落乡村振兴增加乡土文化资源;另一方面在助推乡村振兴过程中直接传承村落中华优秀传统文化。

2. 传统文化与村落特色文化相结合

一方面，挖掘和弘扬村落中华传统文化的特色文化成分，推进乡风文明建设，提升村民素质，优化村落文化品位，如北埯的孝文化、村头的福文化、富竹的贤文化和白玉的和合文化；另一方面，通过生活文化元素提炼和导入，推进传统产业的文化加值效应和一二三产业的融合发展，如北埯的黄酒文化、村头的花文化、富竹的田园文化和白玉的体育文化。

3. 以田野调研为主要形式

田野调研是调研活动的核心环节，长期实施过程中能够逐步形成适合在这种情景下开展调研的工作程序和方法，除了能较快较准确地获取所需信息外，也是非常重要的学习方法。

4. 增添扎根理论方法

扎根理论方法是重要的分析方法。重点人物访谈是村落文化调研的最主要田野调查形式，运用扎根理论方法是数据加工的最有效手段。

5. 与科学研究紧密结合

大量鲜活个案，扎实田野调查，高度方向聚焦，能为科学研究开展提供坚实基础。

6. 形成村落文化挖掘和资源化开发思路

该思路为文化推动乡村振兴提供理论支持。

二、村落特色文化体系培育

（一）村落特色文化体系培育结构及其诠释

村落特色文化体系培育结构如图 4-3 所示，包括三个层面，一是文化传承层面，二是助推乡村振兴层面，三是保障体系层面。其中，文化传承层面是由对村落特色传统文化和特色乡土文化的学习、调研、创意和应用四个节点构成，这四个节点既是一个循环，又相互影响，动态助推乡村振兴中的村落文化传承，同时不断发生辐射作用，对乡村振兴的产业兴旺、乡风文明、治理有效、生态宜居和生活富裕的总目标产生正向影响，进而推动这些目标的实现。而领导保障、组织保障、政策保障和人员保障则为上述目标的实现提供有力支撑。

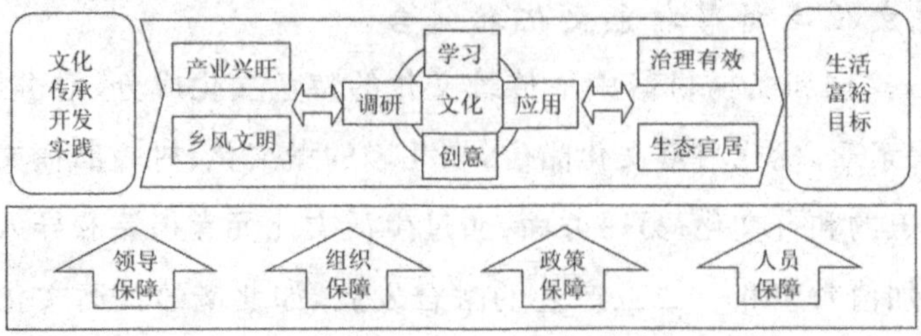

图 4-3 村落特色文化体系培育结构

1. 文化传承层面

文化传承层面的四个节点是一个文化传承环。

(1)学习

每个村落的特色文化(传统和乡土)都有其特有的内涵和价值,所以学习是第一个要做的事情。以北墈村的孝文化和黄酒文化为例,助推乡村振兴团队必须花时间认真学习,了解它们的内涵。

(2)调研

村落的特色文化产生于特定村落、融入这一特定村落村民生活中,这个村落的孝文化与那个村落的孝文化不会完全一样,本村的黄酒文化与邻村的黄酒文化同样不会完全一样,所以调研变得很重要。

(3)创意

对学习到和调研到的村落特色文化的信息进行梳理,在梳理好的基础上进行创意开发与设计,才能形成有活力的思路和点子。

(4)应用

将思路与点子结合村落具体情况,开发出一个个特色文化+乡村振兴项目,将村落特色文化转化成带动村落发展项目的核心要素。项目推进了,新的文化传承环又开始了。助推团队在参与乡村振兴实践中周而复始地传承了中国传统文化、融入当代社会文化中。

2. 助推乡村振兴层面

(1)产业兴旺

首先,乡村振兴战略总要求中将产业兴旺摆在首要地位,产业兴旺是推动传统农业转型升级、实现农业现代化的关键所在。因此,村落文化资源开发助推乡村振兴首先要挖掘村落文化资源,找准产业发展方向。村落具有丰厚的历史文化资源和独特的文化底蕴优势，当地应及时挖掘村落特色文化资源，形成乡村经济发展的重要产业，使产业发展具有差异化的文化优势，避免同质化的问题，提高核心竞争力。例如，北崂村的黄酒文化产业正是基于北崂人家家户户酿黄酒而形成的独特黄酒文化，龙潭村的创意文化产业也是基于新老村民融合产生的创意文化元素。

其次，应搭建村落文化平台，带动产业发展。应将村落文化产业的发展与文化旅游紧密结合，以文化旅游的发展带动村落文化产业的壮大。可以通过文化产业园、文化博物馆等项目设置村落文化展示和体验、民俗文化展示和体验等，利用文化体验带动文化产业的发展，通过让外来消费者获得丰富的文化体验来增进对村落文化的了解。例如，北崂村的黄酒文化体验可以通过欣赏黄酒文化表演、观看祭酒仪式、参加斗酒大会和参与酿造黄酒等实现。这种模式有目的地搭建村落文化平台，可以快速带动产业的发展。一方面，村落产业发展有了村落文化依托，更加具有文化特质和优势；另一方面，村落文化发展有了村落产业推动，更加具有发展动力和后劲，这就使文化发展和产业发展相得益彰、相互促进，实现社会效益和经济效益的双丰收。

再次，应发挥技术创新，促进村落产业升级。村落具有传统文化资源和产品资源，要扩大其在现代社会的影响力，成为村落特色产业必须通过现代技术创新，实行现代化管理，进一步提高产品质量。在生产方面，要进行技术升级创新，提高设备自动化水平，降低能耗；在业态方面，要注重应用互联网技术，促进特色文化与其他产业的融合，形成新的产业和新的业态；在市场营销方面，可以引入电商平台，形成新型营销模式。

最后，加大村落文化宣传，提升文化产业品位。应通过不同的方式和渠道，不断加大对村落文化的开发和宣传力度，如编写村落文化手册、编写产品生产工艺流程、创作村落文艺作品、组织村落文化活动、拍摄村落文化纪录片或宣传片、打造村落特色文化小镇等。将村落文化通过各种传说、雕塑、工艺等展现出来，不断营造文化氛围，使村落文化产品和文化产业从里到外都渗透着浓厚的文化气息，大力提升村落文化产品的文化品位和知名度，不断提高产品文化附加值。

(2)治理有效

传统乡村的政治秩序依赖于乡村文化网络中蕴含的乡村文化权利和自治

实践，这种借由文化权利所形成的柔性和简约治理方式一直是几千年来中国乡村社会有序统治的密码。因此，乡村文化与乡村振兴总要求中的治理有效存在价值耦合。当前以村落特色文化助推乡村振兴的实践中应创新乡村现代文化治理体系，促进乡村治理有效。

首先，应主张文化治理多元主体的有效合作。文化治理主体的多元化就是倡导党委政府、企事业单位、专家、文化组织、村民在平等合作的关系框架下，各方共同参与乡村文化事务服务与管理。因传统的乡规民约具有德治和自治的特征，因此也应该培育乡规民约的传承主体。特别是要在乡村文化治理实践中进一步完善党委领导、政府负责、公众参与、组织协同和法治保障的文化治理体系，搭建适合乡村发展实际的多元文化治理平台。

其次，应优化文化治理技术。包括不断塑造乡村文化空间，在日常运作中赋予乡村文化空间关于文化治理的含义；推进孵化多样化的乡村文化组织；对乡村文化进行创造性转化和创新性发展，以村民喜闻乐见的方式展示乡村文化内容，使村民在传承实践中感悟和体验优秀村落文化的魅力。其中，乡规民约是一个典型内容，应通过现代化方式的阐发和运用，使其焕发新机，发挥其应有的治理效用。

最后，应致力于提升乡村文化治理能力。乡村社会治理有效是乡村振兴的重要根基，而乡村文化治理的主旨是在乡村社会构建稳定而持久的文化自治能力，将能切实推进乡村社会治理有效，因此，乡村文化自治能力的培育是当前乡村治理体系建设的一项重要内容。乡村文化治理能力包括乡村文化在乡村治理实践中的文化认同能力、文化引领能力和文化共治能力。在乡村振兴战略中，乡村需对以上三种能力进行不断的提升，以适应治理有效目标的要求。因此，在实践中应不断提高乡村文化意境的凝聚力并以此提升文化认同力，不断提高乡村文化价值的先进性并以此提升文化引领力，不断丰富乡村文化治理的多元性并以此提升文化共治力。

(3)乡风文明

《中共中央国务院关于实施乡村振兴战略的意见》明确指出，乡村振兴，乡风文明是保障。其中，传承发展提升乡村优秀传统文化是乡风文明建设的重要举措。

第一，目标对接。应对接乡风文明的具体内涵，明确村落文化推动乡风文明建设的指向性。可以从观念意识、制度治理、行为方式和生活环境等方面把握乡风文明的内涵，并将其与村落文化有效对接，成为村落文化推动乡风文明建设的基本方向。观念意识方面，注重“以文化人”，以村落文化的正能量，引导教化农民形成良好的道德品质和价值观。行为方式方面，注重以村落文化的精神力量和道德规范指导农民的日常生活及为人处世，形成良好的行为规范。制度治理方面，注重将村落文化与乡村德治、自治、法治相融合，形成良好的治理体系。生活环境方面，注重将村落文化与乡村建设相融合，将村落文化融入乡村硬件建设，形成良好的人居环境。

第二，方式开发。一是正面宣讲，即以村落文化为素材，面向村民进行道德精神的宣传和文化知识的讲授。这种方式相对容易开展，但必须从农民的实际需求角度出发，考虑文化素材的典型性和宣讲的生动性。二是寄物传递，即将村落文化通过具体的物品进行寄托和传递，让民众在自发的行为中加深对优秀传统文化的理解。寄物传递通常可以结合各种节日和民俗活动等，因地制宜开展。三是参与体验，即开发或参与村落文化的相关体验项目，从中接受村落文化的熏陶和内化。例如，参与酿酒过程体验中华酒文化等。这种方式能让人们在直接接触和感受中体验村落文化的内涵和魅力，形成文化自觉。

第三，载体创新。借助各类载体，将村落文化资源以现代形式进行转化和创新，不断赋予其时代内涵、丰富其表现形式，达到对农民进行潜移默化影响的效果，进而成为农民日用而不自觉的文化资源。当前，可以借助的载体主要有四类：一是历史文化载体，如各种历史建筑、历史文物、历史书籍和道德观念等。二是环境载体，如乡村建设的各种硬件设施和人文环境。三是大众传媒载体，包括广播、电视、网络等。四是群众性的特色文化活动载体，包括各地的民俗活动和节日特色活动等。

第四，众力聚合。村落文化推动乡风文明建设工作是一项系统工程，必须通过多方力量的驱动，形成合力。一是政策动力，即各级政府制定相关政策和配套措施，包括产业发展政策、农业金融支持、贷款贴息扶持、文化推广政策、农村人才培育政策、基础设施补助政策等，鼓励干部、乡贤和农民积极参与村落文化推动乡风文明建设工作，以政策形成驱动力。二是教育动力，即以教育为抓手，在正面宣讲教育的同时开展学校教育、家庭教育，点面结合，形成教育驱动力，实现全员参与。三是利益动力，即以增加农民收入为动力，鼓励农民以各种方式参与村落文化相关项目或产业的开发、投资或运营，以利益获得形成驱动力。四是乡贤动力，即发挥乡贤作用，用乡贤具有的学识、经验、财富、技能和人格品质等资源，教化乡民、凝聚人心、建设家乡、促进和谐，形成乡贤人才驱动力。

第五，资源发掘。当前有关实践表明，文化传承的内容必须符合民众的需求，要让民众感到浅显易懂才会受到广泛欢迎。因此，发掘整合的文化资源要以满足民众的文化需求作为导向，应具有地方特色、对民众有感召力的内容，这样才能吸引他们主动参与，成为村落文化推动乡风文明建设的主体力量。同时，可借助高校资源，进行校地合作，通过高校教师科学研究和学生三下乡社会实践活动，为发掘地方优秀传统文化资源提供智力支持，为培育高素质农民输送人才资源。

(4)生态宜居

传统村落文化中蕴含着人与自然和谐相处的“天人关系”和“和而不同”等文化基因，这些文化基因有着丰富的“和谐”生态理念，在历史发展中形成了村民共同遵守的生态道德，融于生活习俗和文化传统。因此，村落文化与乡村振兴生态宜居目标要求也存在价值耦合。当前，村落特色文化助推生态宜居目标应从以下几个方面着手。

首先，因地制宜规划和建设。传统村落绵延至今，是先人在建设时，充分考虑地形地貌、区位条件、水流方向等实际，遵循自然规律，以尊重自然、顺应自然为前提。许多传统村落还特别强调风水理论，其中有与生态文明理论契合的一面。因此，当前对村落特色文化资源的开发应先领会先人关于村落建设的理念，根据当地实际对村落进行合理的规划、保护、开发与建设，使其古今融合、相得益彰，推动美丽乡村建设，形成良好的生态环境。拥有良好生态环境的村落能使人心旷神怡、乐居乐活。

其次，促进人与自然的和谐。先人为了促进生态的良好发展，通过宗法制度或者乡规民约使居民形成和保持健康的生活习惯、生活方式和风俗习惯，并进一步上升为生态文明理念。这一理念反过来又作用于生活方式和生产过程，这种相互作用，保证了传统村落健康、有序和良性发展。因此，当前依然可以通过乡规民约促进人与自然的和谐共生。例如，在生产方面，坚持孟子所说的“不违农时”，鼓励村民按照时节进行生产。注重地利，正确对待自然生物的生长与繁殖，反对破坏生态平衡。在制度方面，在村落关键地带竖立石碑，明确禁止事项和惩罚措施，利用民间智慧有效处理村落的生态问题等。

再次，依托村落生态理念和资源发展生态产业。村落的发展离不开产业的支撑，从生态宜居的角度而言，发展绿色产业和生态产业是提升乡村生态宜居水平的必然选择。应挖掘村落资源潜力，充分利用资源优势，并以乡村生态文化旅游和生态宜居乡村建设为核心，打造以生态景观、文化体验和休闲养身为主线的产业链，构建一套集观光、体验、养身于一体的农业观光休闲体系。

最后，强化村落生态理念下形成良好的生活习惯和风俗习惯。村落的风俗习惯虽然因地域不同而各有不同，但都汲取了中国传统文化的生态观，形成了传统村落文化人与自然和谐共生的核心理念，并在长期的共同生活和生产实践中总结形成了生态文明经验。当前应大力强化村落生态理念指导下的良好生活习惯和风俗习惯，不断提升村落文化的软实力，提高生态宜居水平。

3. 保障体系层面

(1)领导保障

各级党委应严格按照《中共中央国务院关于实施乡村振兴战略的意见》部署，健全党委统一领导、政府负责、党委农村工作部门统筹协调的农村工作领导体制。建立实施乡村振兴战略领导责任制，贯彻落实中央负总责、省统筹、市县抓落实的工作机制。党政一把手是第一责任人，五级书记抓乡村振兴。切实加强各级党委农村工作部门建设，充分发挥决策参谋、统筹协调、政策指导、推动落实、督导检查等职能。

(2)组织保障

首先，充分发挥党组织的作用。强化县级党委书记“一线总指挥”岗位职责，加强党组织建设，充分发挥农村基层党组织建强战斗堡垒和共产党员先锋模范作用，带领群众投身乡村振兴。各部门落实责任分工，做好协调配合，形成乡村振兴工作合力。

其次，加强“三农”工作队伍建设。完善各级党委农村工作机构建设，加强

“三农”工作干部队伍培养、配备、管理、使用，建设一支懂农业、爱农村、爱农民的“三农”工作队伍。落实好激励干部担当作为干事创业政策，进一步激发和调动干部队伍活力，鼓励和引导更多优秀干部到农村基层一线工作，及时提拔重用表现优秀、实绩突出的基层干部。

最后，动员各方力量参与乡村振兴。搭建社会参与平台，加强组织动员，构建政府、市场、社会协同推进的参与机制。发挥各级工会、共青团、妇联、科协、残联等群团组织的优势和力量，发挥各民主党派、工商联、无党派人士等的积极作用，凝聚乡村振兴强大合力。建立乡村振兴专家决策咨询制度，组织智库加强理论研究。充分尊重群众意愿，激发群众自觉参与，不断提高农村群众的参与度，形成全体人民群策群力、共建共享的乡村振兴局面。

(3)政策保障

首先，落实责任，强化考评。建立健全规划实施和工作推进机制。强化各级党委和政府在实施乡村振兴战略中的主体责任，推动各级干部主动担当作为。全面落实规划确定的约束性指标、重大工程、重大项目、重要政策和改革任务，制定工作时间表、路线图，做到乡村振兴事事有规可循、层层有人负责。将规划实施成效纳入各级党委和政府及有关部门的年度绩效考评内容，考核结果作为有关领导干部年度考核、选拔任用的重要依据，确保完成各项目标任务。把农民群众满意度放在考核评估的重要位置，科学制定考核评估办法。

其次，健全财政投入政策。完善支农保障机制，推动农业投入供给改革。创新投入机制，积极筹措资金，加大财政支农投入力度，确保财政投入与乡村振兴目标任务相适应。加大政府投资对农业绿色生产、可持续发展、农村人居环境、基本公共服务等重点领域和薄弱环节的支持力度，充分发挥投资对优化供给结构的关键性作用。对符合条件的返乡下乡创新创业项目，采取以奖代补、先建后补、政府购买服务等方式予以支持。强化金融服务，健全金融支农组织体系，创新金融支农产品和服务，完善金融支农激励政策。

再次，引导社会资本投入乡村振兴。优化乡村营商环境，加大农村基础设施和公用事业领域开放力度。深化“放管服”改革，鼓励工商资本投入农业农村，为乡村振兴提供综合性解决方案。完善 PPP(政府和社会资本合作)项目价格和收费适时调整机制、项目合理回报机制，吸引社会资本参与土地整治、污水治理、农业开发等项目建设。发挥政府投资引导的作用，带动社会资本、金融机构、国有企业参与投资。鼓励开展现代农业、产业融合、生态修复、人居环境整治和农村基础设施建设。

最后，强化土地用地保障。统筹安排生产、生活、生态用地，倡导节约集约用地，优先利用农村存量建设用地，新增建设用地计划指标向农村新产业、新业态倾斜，单列用地指标支持农村一二三产业融合发展。完善供应农村新产业、新业态项目建设用地政策，鼓励以长期租赁、先租后让、租让结合方式供应建设用地。

(4)人员保障

首先，大力培养新型职业农民。实施新型职业农民培育工程，培养新一代新型职业农民。创新培训组织形式，探索田间课堂、网络教室等培训方式，开展新型职业农民学历提升行动，探索开展职业农民职称评定试点。支持新型职业农民通过弹性学制参加中高等农业职业教育。

其次，加强专业人才队伍建设。推行乡村教师“县管校聘”。实施边远贫困地区、边疆民族地区和革命老区人才支持计划，继续实施“三支一扶”、特岗教师计划等，组织实施高校毕业生基层成长计划。支持地方高等学校、职业院校综合利用教育培训资源，灵活设置专业(方向)，创新人才培养模式，为乡村振兴培养专业化人才，扶持培养一批农业职业经理人、经纪人、乡村工匠、文化能人、非遗传承人等。

再次，充分发挥科技人员支撑作用。全面建立高等院校、科研院所等事业单位专业技术人员到乡村和企业挂职、兼职和离岗创新创业制度，保障其在职称评定、工资福利、社会保障等方面的权益。深入实施农业科研杰出人才计划和杰出青年农业科学家项目。健全各领域科研人员以知识产权明晰为基础、以知识价值为导向的分配政策。探索公益性和经营性农技推广融合发展机制，允许农技人员通过提供增值服务合理取酬。全面实施农技推广服务特聘计划。

最后，鼓励社会人才投身乡村建设。建立有效激励机制，以乡情乡愁为纽带，吸引支持企业家、党政干部、经济文化能人、离退休人员、专家学者、医生教师、规划师、建筑师、律师、技能人才等返乡下乡服务乡村振兴事业。允许满足要求的公职人员回乡任职。推进大学生暑期“三下乡”计划，开展乡村振兴“巾帼行动”、青春建功行动。建立城乡、区域、校地之间人才培养合作与交流机制。全面建立城市医生教师、科技文化人员等定期服务乡村机制。引导大龄、老龄农民工参与互助自治、养老托幼、生态养护等乡村建设项目。

(二)村落特色文化体系培育的实证:白玉村“和合文化—体育文化”开发培育体系

1. 白玉村“和合文化—体育文化”开发培育体系

2018 年下半年,阳光学院开始助推寿山乡创建白玉村体育特色文旅小镇,经调研初步形成白玉村“和合文化—体育文化”开发培育体系,如图 4-4 所示。

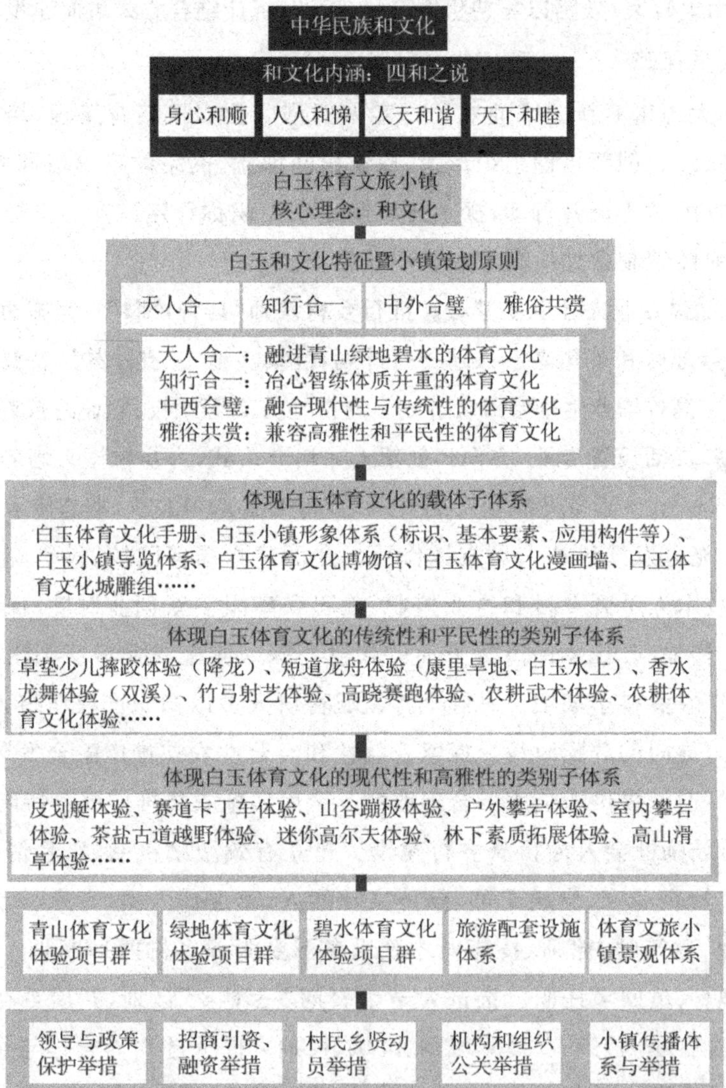

图 4-4 白玉村落特色文化体系(和合文化—体育文化)开发培育体系

白玉村被确定2018年福建省运动会皮划艇赛事举办地。皮划艇运动目前在国内还属于小众运动，如何发挥运动会比赛设施的独特优势，成为寿山乡白玉村乡村振兴的一个特殊课题，阳光学院白玉小分队的尝试给出一个答案：白玉村落特色文化体系包含和合文化（特色传统文化）和体育文化（特色乡土文化）。

选择体育文化为特色乡土文化的理由是显然的：公共部门对白玉村体育设施的大规模投资决定了白玉村作为体育运动基地的概念短期内不会改变，体育文化必然成为白玉村最重要的乡土文化概念。同时，对白玉村来说，选择体育文化，充分利用皮划艇基地的物质基础和无形资产，培育独特优势，应是明智的推进乡村振兴战略举措之一。

选择和合文化为白玉的特色传统文化的理由也是充分的：中华传统文化和合文化，对个人而言，应是身心和顺；对人与人之间而言，应是人人和悌；对人与自然之间，应是人天和谐；对人类整体而言，应该是天下和睦。中华传统文化中的和合文化演化为白玉特色和合体育文化就表现为：天人合一——融进青山绿地碧水的体育文化；知行合一——冶心智炼体质并重的体育文化；中西合璧——融合现代性与传统性的体育文化；雅俗共赏——兼容高雅性和平民性的体育文化。这四个合一既是白玉和合体育文化的特征，又是白玉和合体育文化体系开发的原则。

白玉和合体育文化体系包括文化载体子体系、传统性和平民性的体育文化以及现代性和高雅性的体育文化三个类别子体系。文化载体子体系包括白玉体育文化手册、形象体系、导览体系、体育文化博物馆、体育文化漫画墙、体育文化城雕组等；传统性和平民性的体育文化类别子体系包括草垫少儿摔跤体验（降龙村民俗活动）、短道龙舟体验（康里村旱地民俗活动）、白玉村水上民俗活动（待开发）、香火龙舞体验（双溪村民俗活动）、竹弓射艺体验、高跷赛跑体验、农耕武术体验、农耕体育文化体验等；现代性和高雅性的体育文化类别子体系包括皮划艇体验、赛道卡丁车体验、山谷蹦极体验、户外攀岩体验、室内攀岩体验、茶盐古道越野体验、迷你高尔夫体验、林下素质拓展体验、高山滑草体验等。

2. 乡村振兴战略背景下白玉体育文化开发体系构建

中华传统体育文化具有经济、社会、政治和生态等多重价值，这些价值与“产业兴旺、乡风文明、治理有效、生态宜居、生活富裕”的乡村振兴目标相对应。因此，在乡村振兴战略背景下，对白玉体育文化开发要注重以中华传统体育文化为源泉的文化开发所产生的多重价值与乡村振兴战略多个目标之间的耦合发展。

(1)创新理念,体现与乡村振兴中乡风文明目标的耦合发展

结合白玉村实际,文化先行,创新理念,以中华传统“和”文化作为白玉体育文化的精神内核,以“和”文化内涵中的身心和谐、人人和谐、天人和谐、天下和谐的思想内容引领白玉村体育文化开发和乡风文明建设。

一是身心和谐。古人主张人的身心和谐,保持健康平和的心态,既要积极进取,又能恰当处理理想与现实、欲望与道德的关系。白玉体育文化开发可以注重通过各类载体和体育活动,将个人的修身养性和体育的强身健体相结合,从而提高个人的身心素养,凸显乡风文明的个体特色。

二是人人和谐,即社会和谐。根据孟子的判断,在“天、地、人”中,“人”具有最高地位,在“时、利、和”中,“和”具有最高价值,孟子认为事物的成败,不在天不在地,只要组织内部和谐、上下齐心合力,必能无往而不胜。因此,白玉体育文化的开发既要积极引导村民上下齐心,又要使人人和谐成为白玉乡风文明建设的整体特色。

三是天人和谐。中国古代先哲主张“天人合一”,肯定人与自然的统一,强调人类应当认识自然,反对一味地向自然索取,反对片面地利用自然和征服自然。概言之,即主张人与自然保持和谐关系。人与自然的和谐就是天和,是指自然界和人类社会和谐共生、和睦共处,即“天人合一”的理想状态。因此,白玉体育文化的开发应注重开发与保护相结合,在保证白玉村总体生态环境良好的基础上,统筹考虑开发与利用问题,使天人和谐成为乡风文明建设的目标特色。

四是天下和谐,即族群或国家之间的和谐。白玉体育文化开发应发挥白玉村现有18个姓氏家族的共同力量,建立一个乡村振兴的和谐群体,抱团发展,共同进退,使天下和谐成为乡风文明建设的品牌特色。

(2)遵循原则,体现与乡村振兴中生态宜居目标的耦合发展

以中华传统“和”文化为引领,白玉体育文化开发应遵循以下四个原则。

一是天人合一,即开发形成融进青山绿地碧水的体育文化。以白玉村皮划艇赛道为例,白玉村皮划艇激流回旋赛道建设正是基于白玉村自身的地理环境,丘陵地貌,地形落差大,水资源丰富,河道蜿蜒等自然条件为皮划艇激流回旋赛道的建设提供了独特的条件,并实现了体育赛事与当地自然条件的有效融

合。由于皮划艇赛事的专业性等原因，白玉村皮划艇赛道的二次利用率较低，因此，白玉体育文化的开发可以以皮划艇赛道建设理念为蓝本，以当地的地理条件为依托，挖掘更多基于自然条件的体育文化元素或体育休闲娱乐项目，更多地体现人与自然生态的有效融合，形成融进青山绿地碧水的体育文化，体现白玉体育文化的生态特点。

二是知行合一，即开发形成与冶心智炼体质并重的体育文化。中华传统体育文化强调身心和谐，即人的修身养性与强身健体相结合，因此，白玉体育文化的开发也必须秉承这一原则，注重开发既能陶冶心智也能锻炼体质的体育项目，使得人们在休闲娱乐获得精神满足的同时也能强健体魄，赋予白玉村生活宜居的更多元素。

三是中西合璧，即开发形成融合现代性与传统性的体育文化。要结合实际对中华传统体育文化进行创造性转化和创新性发展，以民众喜闻乐见的形式、方式和载体展示传统体育文化的精神内涵和价值所在，进一步增加白玉体育文化的趣味性和吸引力，形成融合现代性与传统性的白玉体育文化。

四是雅俗共赏，即开发形成兼容高雅性和平民性的体育文化。白玉村皮划艇项目在众多体育运动中显得“高大上”，如何让高大上的体育项目成为受广大民众欢迎的项目是当前白玉村皮划艇赛道二次利用面临的一个难题，破解这个难题的有效办法就是开发兼具高雅性和平民性的体育文化项目，在白玉现有皮划艇赛道基础上，增加更多丰富的、民众能够直接参与的体验项目，使民众能够在亲身体验中感受高雅体育的乐趣，为民众的生活带来更多的精神满足。

(3)开发载体和项目，体现与乡村振兴中产业兴旺目标的耦合发展

在遵循以上四个原则的基础上，对白玉村进行体育文化载体和项目的开发，带动白玉村产业发展。

载体创建方面，可编写白玉体育文化手册，将体现“和”文化的典故、案例、事迹和语录汇编整理进手册，成为白玉体育文化的普及性读本；设计白玉特色体育小镇形象体系，包括标识、基本要素和应用构建等，形成白玉体育文化的形象识别系统；构建白玉特色体育小镇导览体系，将“和”文化典故或语录等素材融入小镇导览体系，使白玉村处处体现“和”文化元素；还可以建设白玉体育文化博物馆、白玉体育文化漫画墙和白玉体育文化城雕组等多种载体。以上载体的创建，将大大充实白玉村的体育文化内涵，丰富白玉村的体育文化禀赋，为白

玉村形成对外吸引力，带动白玉旅游产业发展提供不可或缺的先决条件。

项目开发方面，可根据白玉地理条件开发青山体育文化体验项目群、绿地体育文化体验项目群、碧水体育文化体验项目群。青山体育文化体验项目群包括白玉茶盐古道越野体验、山谷蹦极体验、户外或室内攀岩体验、林下素质拓展体验等。绿地体育文化体验项目群包括迷你高尔夫体验、竹弓射艺体验、农耕武术体验和农耕体育文化体验等。碧水体育文化体验项目群包括皮划艇体验、短道龙舟体验、水上乐园体验等。这些项目群既能融入青山绿地碧水、陶冶心智和锻炼体质，也融合现代性和传统性、高雅性和平民性，能够极大增加白玉体育文化的特色，形成白玉村独特的体育文化产业和特色旅游资源，促进白玉村一二三产业的融合发展。

（三）管理保障，体现与乡村振兴中治理有效目标的耦合发展

在领导与政策保障方面，白玉村应主张积极发挥基层党组织在乡村振兴中的基础作用，利用现有政策及上级的大力支持，积极争取乡村振兴示范村有关的政策落实和资金投入，出台进一步的实施细则，将白玉体育文化开发的管理作为乡村治理的重要内容，确保白玉体育文化开发有效推进的同时使其成为乡村凝聚共识、增进认同和村民自治的有效窗口，并以此吸引乡贤和各类人才的加入。在资金投入方面，除了政府财政拨款之外，白玉村还可以引入市场化机制进行招商引资，或整个项目打包进行招商引资、融资，或围绕某一个具体项目进行招商引资，还可以发动乡贤捐资或参与运营，多种形式、多种渠道确保白玉体育文化开发的资金需求得到满足。在村民动员方面，必须充分发挥村民尤其是乡贤这一乡村自治主体的功能，引导村民乡贤以多种方式参与白玉体育文化的开发与管理，在文化认同的基础上以价值满足和共同发展为目标凝聚人心，形成利益共同体。鼓励乡贤积极参与项目开发，把白玉资源转化为具体项目，充分发挥他们在招商引资方面的优势和作用，也借此进一步推动乡村德治、自治与法治的融合。

第五章

旅游文化视角下的乡村振兴路径探究

第一节　乡村旅游的产生、发展及意义

一、乡村旅游概念、内涵

(一)传统乡村旅游与现代乡村旅游的区别

所谓乡村旅游，是指依托乡村区域内的景观、建筑、文化等资源，以旅游度假为宗旨，在乡村中进行的无人文干扰、无生态破坏，以游居和野游行为特色的村野旅游形式。乡村旅游的概念最初是由西班牙学者提出的，按照时间可划分为传统乡村旅游和现代乡村旅游两种类型。传统乡村旅游出现时间较早，大致范围是：自工业革命后不久至20世纪80年代。其特点为来自农村在城市居住或工作的居民“回老家”度假，其主要在传统的节假日期间进行，并没有对当地经济和环境发展产生较大影响，然而却在无意识中增加了城乡交流的机会。这种旅游方式在国内外十分常见，中国传统乡村旅游常常表现为探亲旅游的形式。

现代乡村旅游是20世纪80年代出现在农村地区的一种新型旅游模式，在20世纪90年代后发展迅速。与传统乡村旅游相比，现代乡村旅游的优势体现在以下几个方面：现代乡村旅游是一种振兴乡村经济的有效手段；现代乡村旅游可以极大地带动当地的经济发展，增加当地财政收入，并为当地创造新的就业机会；现代乡村旅游能够有效改善乡村的经济、环境、社会环境，为衰落的乡

村注入活力,能够有效促进乡村的现代化发展。

(二)乡村旅游取得的成效

数十年来,随着中国经济的发展、消费观念的变化,越来越多的中国人开始将旅游作为一种休闲方式。中国旅游业,尤其是中国乡村旅游业发展迅速,而中国乡村旅游的消费群体也在不断扩大,成为国内外城市、乡村游客喜爱的一种旅游方式。随着乡村旅游的发展,乡村旅游的规模、形态不断发生变化,目前,中国乡村旅游已经发展为以农业观光和休闲农业为主的综合型旅游项目,并呈现出多层次、综合化、品牌化的发展趋势。尤其是近年来,诞生了一大批知名的乡村旅游目的地,成为中国旅游的一大亮点。

(三)乡村旅游的价值和意义

乡村旅游已成为拉动经济增长的主要途径之一,其经济价值和社会意义主要表现在以下几个方面:

1. 增加农民收入

传统乡村中农民主要收入来源为农业和畜牧业,而乡村旅游可以有效利用当地旅游资源,打造特色景观,通过农民的参与和创造,拉动当地经济,直接提高农民收入,帮助农民脱贫致富。

2. 提供就业机会

传统乡村中的农民除务农外,仅参与简单的生产劳作,农闲时节则长时间处于“隐性失业”状态。尤其是近年来,随着乡村生产工具的改进,现代化农业生产中需要的劳动力越来越少,劳动效率越来越高,越来越多的农村剩余劳动力走出乡村到城市务工以求生存。而乡村旅游业的发展可以为农民提供大量的就业岗位,使农村剩余劳动力得到有效利用。

3. 提高农业附加值

传统乡村中的农产品销售需要通过第三方才能到达消费者手中,而乡村旅游为农户和消费者提供了面对面的交易机会,有利于提高农业的附加值,为农业产业化经营创造了良好的平台和机会。

4. 改善乡村环境,促进城乡精神文明建设

开展旅游的乡村为了提升游客的旅游体验,往往会改善居住、卫生环境,健全农村社会化服务体系，有利于乡村环境的改善；与此同时，许多乡村地区为了提高从业者素质举办旅游培训班，加强农村的文明礼仪教育，直接提升了当地的精神文明建设。

二、中国乡村旅游发展现状

中国乡村中存在丰富的自然资源和人文资源，乡村中存在大量的山川、河流、水库、奇峰异岭。此外，在中国数千年的历史中还形成了多种多样的民俗风情和历史名胜古迹，产生了无数具有乡土特色的文化艺术产品。这些都是中国乡村中取之不尽、用之不竭的旅游资源。

目前，乡村旅游业呈现出一派繁荣景象，然而其在发展中却面临着资金短缺、后劲不足等问题。

（一）基础设施不完备

目前，大多数县镇的旅游景区开发由政府牵头，成立地方旅游投资公司，然而由于开发资金有限，中国乡村的基础设施建设相对于城市基础设施建设来说发展并不完善，随着乡村旅游业的发展，大量游客涌入乡村，乡村却因为道路、停车场、住宿、餐馆等设施不健全，导致接待能力差，游客体验效果欠佳。此外，乡村中排污、厕所等公共设施不达标，景区内缺少标识系统等也会极大影响景区形象，不利于乡村旅游业的可持续发展。

（二）产品同质化严重

目前，我国的乡村旅游开发模式虽然逐渐健全，但大部分乡村旅游景区没有自己的特色，旅游项目也只是停留在简单的模仿上，造成了大量产品雷同、模式单一的景区。例如，目前较流行的乡村旅游与休闲农业有农场采摘、垂钓、农家乐等活动。大多数景区都没有建立起内容丰富的产品体系，没有深度挖掘当地的文化特色，导致游客来过一次就不想再来，难以对游客产生吸引力。

（三）乡村文化特色不明显

来乡村旅游的游客大多希望看到原生态的乡村环境，享受久违的田园氛围，回归田园野趣，感受特有的乡村文化，然而许多乡村旅游景区则将原生态的民宿改造成了整齐划一的现代化小楼，破坏了原有的乡村建筑模式，丢失了乡村中自然和谐的原生态气息，由此使乡村旅游对游客失去了吸引力。

（四）乡村旅游专业人才缺乏

在乡村旅游发展中，许多旅游从业人员为土生土长的农民，其对旅游产品的开发、营销，旅游文化的挖掘，旅游业的经营等缺乏专业的认识和了解，所以旅游从业人员水平较低。乡村旅游开发者往往不重视人才建设，造成专业的旅游人员不愿到乡村旅游景区就业，因此严重影响了乡村旅游发展的深度和宽度。一些拥有良好旅游资源的乡村因为知识和经验不足，难以支持其乡村旅游产业的开展。

三、乡村旅游发展趋势

近年来，随着乡村振兴战略的提出，以及精准扶贫项目的开展，我国乡村旅游发展迅猛，中国乡村旅游从最初的"农家乐"模式，向融田园风光、乡村观光、休闲、度假的复合型模式发展。

为了避免发展误区、跳出发展困境，中国乡村旅游应注重以下几个方面：

（一）注重农民参与，保护农民利益

发展乡村旅游的目的是振兴乡村发展，实现乡村精准扶贫，而农民是乡村的主要组成群体。因此，在乡村旅游开发中应吸引农民自觉、自愿地加入乡村旅游项目，并通过切实的政策保障农民利益，达到农民增收的目的。

（二）建立标准的乡村旅游体系

旅游文化中涵盖了旅游建设、管理、旅游市场、旅游产品等多个方面的内容，而一个标准的乡村旅游景区，不仅应设立专业的基础设施标准、日常管理与运营标准、服务接待标准等，还应不断提升服务质量，建立乡村旅游的品牌化，以此提升游客体验，打造可持续化发展的乡村旅游景区。

（三）挖掘区域文化，打造乡村旅游特色产品和服务

乡村旅游景区在开发、建设过程中应从区域的资源优势出发，充分挖掘当

地的自然资源与文化资源，通过专业的乡村旅游规划设计、旅游产品设计、建筑开发模式等方面，充分挖掘乡村记忆，弘扬乡土文化，以此激发出本土乡民对家乡传统文化的认同感和自豪感，打造具有特色的乡村旅游景区，带给游客独特的乡村文化体验。

目前，中国乡村旅游方兴未艾，经过数十年的探索，中国乡村旅游正朝着投资多元化、规模扩大化、产品特色化、景区品牌化的方向发展，各地政府也参与到乡村旅游的发展和建设中，这些因素都加快了中国乡村旅游的发展，使中国乡村旅游文化朝着更加完善、丰富的方向发展。

第二节 乡土文化和乡村旅游的耦合形态

乡土文化是地方性的人群，以村寨、村落为社会单位，以血缘地缘为纽带，在长期的生产生活实践中处理人与自然的关系、人与人的关系、人的物质需求与精神需求的关系而创造和总结出来的生产和生活方式，既包括由生态景观、生计景观和生命景观所组成的有形的可观的文化遗产，也包括村民与主观体验和社会共同经验紧密相连的对天、地、人关系的认知等无形的文化遗产；既有世代累积和总结的满足生存需要的系统性的地方性知识，也有满足精神需求的文化活动，更有实现地方自治的一系列制度的安排和文化的传统。乡村景观与人的生产、生活、情感相融而生。而“生生”是中国哲学精神所在，包含生命、生成、生活、生化等诸多意蕴，代表了中国文化对天、地、人存在状态的一种基本看法。乡土文化之所以生生不息，是因为其蕴含着人们对生命的敬畏、对自然的尊崇和对生产方式的传承。

一、乡土文化的旅游特性

在自然景观向乡村景观转变过程中，许多方面改变和丰富了原有的自然地表、地貌的形态与形式。蜿蜒的梯田、阡陌纵横的平原田畴、稻海麦浪、春华秋实、果木桑麻、各具特色的民居建筑……丰富了乡村景观的结构构成；油菜花的纯黄、紫云英的玫红、荞麦的洁白、成熟稻田的金黄、高粱的绛紫……丰富了乡村景观以绿色为主调的环境色彩。更重要的是，自然景观在转变过程中，与人类的生产和生活产生了种种关系，乡村景观中的一切景物都与人的生产和生活相伴而生，这也形成了乡土文化的旅游特性。

（一）生态自然性

乡村旅游的生态自然性体现在以“绿水青山”为基底，以“金山银山”为愿景，依托卓越的自然美景，利用优质的乡土景观，盘活乡村资源，开发乡村旅游。乡村自然景观优质、田园风情宜人，以一方水土的独特精神和审美创造形成了丰富的生态文化资源，以一村一貌的自然风景和民俗风物形成了美丽的在地创造，更以具有乡土情感、乡愁情绪、乡村情调的特有基因彰显出真实、生动的场景。例如，莫干山山峦连绵起伏，风景秀丽多姿，以绿荫如海的修竹、清澈不竭的山泉、星罗棋布的民宿、四季各异的迷人风光形成了生态自然性旅游资源。

（二）生产体验性

乡村旅游的生产体验性体现在以乡村劳作为依托，以参与乡村农事活动、生产行为、劳作过程为内容，实现深度旅游体验的方式。千百年来，乡村在演进和发展中，因自然地理条件、生产劳动方式、民族习俗文化、历史发展机缘等各具特点而形成了多样文化，吸纳丰富的样态。而乡村劳作形式种类繁多，有刀耕火种、水车灌溉、围湖造田、鱼鹰捕鱼、采藕摘茶等，这些都充满了浓郁的文化气息，体现出不同的农耕文化。乡村劳作形式越古老，其萌生的乡村传统文化意象就越独特而鲜明。例如，位于云南西部的景颇族，至今仍保留着砍山烧畲的生产方式，这种古老的游耕文化意象对游客具有极大的吸引力，体验传统民族耕种、参与农事生产，成为生产体验性旅游的重要内容。乡村旅游的生产体验性是对传统文化的传承，是对文化与经济的融合，它赋予了乡村特色文化产业无限的民族活力和源远流长的基因，更赋予了实现乡村居民对美好生活向往最大公约数的有效路径。

（三）生活参与性

乡村旅游的生活参与性体现在以乡土文化为根基，以参与乡村民俗活动、感受乡村生活方式、体验乡土日常生活为内容，从乡村观光到乡村度假的休闲方式。乡风民俗反映出特定的地域上的生活习惯、风土人情，是乡村民俗文化长期积淀的结果。乡村传统节日，如汉族有清明节、端午节、中秋节，藏族有俗佛节，彝族有火把节，傣族有泼水节等；乡村风俗习惯，如陕北农村有大秧歌、东北有二人转、西南有芦笙盛会等。民俗文化意象集中展示出乡村各种独特的民俗文化，是村民精神凝聚力的一种体现。参与乡村生活是感悟乡土文化的核心，而乡村美好生活的归旨离不开良好的生态和富庶的生产，只有以自然禀赋营造生活场景，以创新创业创造生产场景，打造生活富足、精神富足的生活图景，将乡村生态景观、生产活动、生活空间串联叠加，置于广袤的乡土生活中生存、演绎和流变，才能实现从自然修补到生态修复，最终回归乡土故里的文化升华。

二、乡村文化旅游融合的主要模式

从产业属性上看，文化产业和旅游产业均具有文化和经济的双重属性和双效价值导向作用。旅游产品生产的本质就是文化产品的生产，旅游产品和服务实则是对旅游消费主体需求的一种供给，而旅游消费本质上又是一种文化消费。从产业特性来看，文化产业和旅游产业均具有“无边界性”，自身的产业链条长，与其他产业的联动性强，具有天然的产业融合特性。旅游产业的六要素决定了旅游产业与其他产业的联动融合，而文化产业的文化属性决定了文化产业要比旅游产业在更大范围和更深程度上与其他产业产生融合发展。

（一）生态文化与乡村文化旅游的深度融合

我国自然生态资源丰富多样、异彩纷呈，在长期的人地互动、人类与自然和谐相处的过程中逐渐形成了独特的生态文化。新时代“五位一体”协调发展观、“两山”理论、绿色发展观实现了社会主义特色生态文明建设的重大理念转变，强调了生态保护、产业发展、生活富足的三效统一，体现了生态价值、文化价值与经济价值的内在统一。生态文化与旅游产业的深度融合，要求将生态文明建设与发展文化旅游产业有机结合起来，始终把保护生态放在首位，同时对生态资源良好的区域以国家公园形式进行适度开发利用，特别应注重世界自然遗产、自然与文化双遗产、世界地质公园等稀缺资源的保护、开发与利用。在文化旅游规划中严格把控自然保护区生态红线，健全相应法律法规，建设科学系统的生态文化与旅游产业融合发展的规范体系。突破固有的生态旅游产品和服务的生产思维，创新生态文化与旅游产业开发模式，使之形成生态产业与文化旅游产业的整合，拉长产业链，有效保护与利用生态文化资源。

（二）历史文化与乡村文化旅游的深度融合

历史文化资源是国家传统文化的积淀与承载，具有极强的历史价值、文化价值、教育价值、社会价值、时代价值及经济价值。保护历史文化资源的原真性、完整性，确保历史文脉的延续，是世代的历史使命与民族责任；深度挖掘历史文化资源的多重价值，是人类文化发展的内在需求，是弘扬国家优秀传统文化的时代要求。要在保护的基础上充分发挥历史文化资源的价值，转历史文化资源为历史文化资本，形成在保护中促开发、在开发中助保护的良性循环。推动历史文化与旅游产业的深度融合，充分利用世界文化遗产和双遗产资源，国家历史文化名城、名镇、名村资源，国家级文物保护单位，世界和国家非物质文化传承名录项目，著名的古道、古桥、古建筑、古遗址等文化资源，深入挖掘，整理研究，进行合理、适度、科学的保护、开发与利用；充分利用 AI、IoT、VR、AR 等数字技术在物质文化遗产与非物质文化遗产保护、开发、呈现全过程中的应用，提升历史文化旅游产品与服务的专业性、趣味性与互动性，增强游客的深度参与感和获得感。

（三）优秀传统文化与乡村文化旅游的深度融合

中国是世界上民族资源最丰富的国家之一，各个民族在不同的发展阶段创造了独特的优秀文化，包括民族音乐、民族舞蹈、民族节庆、民族宗教、民族服饰、民族饮食、民族特色建筑、民族民间工艺品等有形或无形的文化资源，都是我国发展民族文化产业与旅游产业极富特色的民族文化资源。充分挖掘各民族的特色文化因子，在尊重各民族宗教信仰、民俗习惯、文化禁忌的基础上对民族文化资源进行适度开发利用，做强做大民族文化旅游产业。在民族文化资源开发利用中，要特别注重对民族节庆资源的开发利用，民族节庆是民族文化旅游融合、塑造民族文化旅游品牌的有力抓手。节庆活动是一个民族的集体记忆，是在特定时间、特定地点以特定仪式表达对祖先和自然的崇敬与敬畏而聚合在一起的集体行为，是民族内部群体精神凝聚的黏合剂，是民族之间文化互通交融的空间载体，同时是一个集演艺、旅游、餐饮、工艺品等多行业于一体的产业综合体。通过对民族节庆活动的重点打造、精品塑造，带动民族文化旅游全产业链构建，助推民族文化弘扬与区域经济发展。

(四)大健康产业与乡村文化旅游的深度融合

新时代随着对美好生活的追求日益强烈,人们对身心健康的关注度不断提高,健康消费理念与养老观念也在发生变化。旅游、文化、体育、康养成为新时代的幸福产业,大健康产业与旅游产业的深度融合,是满足人民对身心健康、安居养老、生活幸福追求的必然选择,具有广阔的市场前景。国家卫生和计划生育委员会、国家发展和改革委员会、财政部、国家旅游局、国家中医药管理局联合发布的《关于促进健康旅游发展的指导意见》明确指出,要促进健康服务与旅游深度融合,推动健康旅游产品体系、服务体系与健康旅游产业链的构建与完善。大健康产业与旅游产业的融合主要依托自然生态、人文环境等基础设施完善的文化旅游资源与平台,借助地方完善的医疗、医药、保健、养生等卫生条件,提供休闲疗养型、健康体验型、医疗保健型等形式丰富的健康旅游类型。这就要求转变旅游产业生产方式,变旅游观光型为休闲度假型,特别注重大健康产业的发展,从质上改变现行旅游发展方式,推动旅游目的地的康养服务与产品开发,突出中医在疗法、养生、保健等方面的独特优势,整合中医药资源与旅游文化资源,打造一批高端、专业的健康旅游精品,在满足国民健康需求的同时,推动我国健康产业与旅游产业的协同发展和城市产业结构优化升级。

(五)美丽乡村建设与乡村文化旅游的深度融合

美丽乡村建设是社会主义新农村建设的延续与提升,是美丽中国建设与乡村振兴战略的具体实践。乡村振兴战略提出“产业兴旺、生态宜居、乡风文明、治理有效、生活富裕”的二十字方针,同时也是美丽乡村建设的内在要求。大力推进乡村产业发展,助力脱贫攻坚,乡村文化旅游产业是不二选择。在强化“绿水青山就是金山银山”的绿色发展观、乡村生态文明理念的基础上,将生态优势转变为经济优势,因地制宜地推动乡村自然生态资源的合理利用与科学转化,推动文化生态资源的挖掘、开发与利用,有选择性地发展特色文化产业与旅游产业。把“看得见山、望得见水、记得住乡愁”作为当代人回归自然、回归乡土的心路历程和生活体验,与美丽中国、美丽乡村建设有机结合起来,注重乡村自然生态与人文景观的保护与开发,尤其是对特色古村落、古城、古建筑的整体性保护与科学性、创新性开发,把乡村旅游、乡村民宿真正做出档次、做出水平,使乡村文化旅游产业成为人们品质生活方式的重要载体。

(六)文化旅游品牌塑造与乡村文化旅游的深度融合

品牌塑造直接服务于产业发展,应强化品牌的统一性、经典性、历史性,将文化产品与服务的形象塑造和旅游产品的形象定位有机结合,从根本上解决文化与旅游“两张皮”的问题,实现文化产业与旅游产业的深度融合与有机发展。品牌塑造、形象定位、策划营销对文化旅游产业发展极为关键。文化旅游品牌塑造的核心在于对特色文化资源、文化内涵的挖掘与优势定位,打造独具特色、具有竞争优势的文化旅游品牌形象,创新文化旅游产品设计与服务升级,突出产品的体验性,实现产品品牌化和品牌产业链化。在品牌竞争日益激烈的当下,“酒香也怕巷子深”,一个好的创意策划与营销对于文化旅游品牌塑造与产品推广至关重要。当前,旅游营销由以旅游产品为中心、以传统媒体为主要营销渠道,转向以游客体验为中心,以网络媒体、自媒体为营销主力,充分借助互联网数字技术、大数据平台,形成多平台、多渠道的网络营销全覆盖,以创意性策划凸显地域文化魅力,将旅游景区品牌塑造、文化旅游品牌塑造与文化旅游产业深度融合,让品牌成为文化旅游产业提质增效的助推器与核心竞争力。

文化产业与旅游产业深度融合发展,是当下深化文化供给侧改革和全域旅游发展的历史必然与实现要求,是创新文化旅游产业发展新模式的不二选择。二者只有深度融合发展,才能真正建成国家战略性支柱产业;才能充分发挥产业优势,参与国际市场的激烈竞争;才能充分体现保护优先、保护与开发并举的基本原则;才能真正实现和谐发展、绿色发展、科学发展,使文化旅游这个朝阳产业更加兴旺发达。

第三节　乡村文化旅游资源的发展与运营模式

一、乡村旅游资源的开发模式

中国有数十万个乡村,据不完全统计,目前,中国乡村中发展旅游和休闲农业的村庄约为10万个。这些乡村无一例外地拥有较为丰富的自然资源和人文资源。一般来说,并不是每个乡村都适合发展旅游资源。发展乡村旅游的地区一般都具备以下资源优势:①自然环境优美。区域内拥有丰富的山、水、农田等资源。②产业特色突出。农、林、牧、副、渔特色明显,在一定区域内具有较强优势。③历史文化资源丰富。乡村历史悠久，拥有大量的历史遗迹、历史名人、历史文化资源等。④区位优势明显。要么邻近大城市，游客基础好，消费能力高；要么邻近景区，有附带发展的可能。⑤如果该区域有独特的发展优势，以及旺盛的旅游需求，也可开发乡村旅游。

不同的旅游资源，乡村旅游的开发模式也不尽相同，目前，我国的乡村旅游资源开发模式主要包括资源依托型和自身打造型两种模式，这两种模式中又包含了七大类型。

（一）城市依托型

这种类型又称为环城市乡村旅游发展模式，其是由北京大学吴必虎教授提出的“环城游憩带”理论所衍生出来的。吴必虎教授指出，“环城游憩带”是一种在大城市郊区形成的游憩活动空间，其与城市之间主要通过中心城市的交通进行联结，交通便利。“环城游憩带”主要为当地城市居民服务，也为慕名而来的游客提供服务，既包括各种形态的游憩性土地利用，也包括在这些土地上建设的各种游憩设施、组织的多种游憩活动。一般多具有观光、度假、休闲、娱乐、运动、康体、教育等功能，多呈现出发展规模较大、发展态势良好、环绕城市周边的特点。一言以蔽之，城市依托型模式是一种依托城市区位优势和市场优势发展起来的城郊旅游综合体。

城市依托型开发模式一般为“1 + 3”发展模式，除乡村旅游外，还多发展现代农业、乡村观光度假以及乡村商业三大产业，形成独特的环城市乡村旅游圈，吸引城市游客郊区短途旅游。例如，北京蟹岛度假村就是典型的城市依托型开发模式。

（二）景区依托型

成熟景区往往具有巨大的地核吸引力，每年可以吸引大量游客前来旅游。周边的乡村可以借助其区位优势，从成熟景区整体发展方向，规划乡村的旅游思路，将乡村巧妙纳入成熟景区的旅游规划体系中。此外，周围乡村还可在交通上加强与景区的线路连接，充分挖掘与景区内文化不同的乡村民俗文化和文化产品，深度开发乡村旅游产品，通过综合调动乡村的吃、住、行、游、娱、购等特色产品，形成与封闭的景区既有联系又鲜明区别的开放的乡村风情体验区，以此吸引游客，打造乡村旅游品牌。例如，北京十渡风景区周边的村渡乡镇就是典型的景区依托型案例。

(三)产业依托型

这种类型以区域内的农业为依托,通过深入挖掘和拓展农业的观光、度假、休闲、体验等功能,和第二、第三产业相融合开发一系列农业产品,带动农业生产、农副产品加工以及餐饮服务业的发展。其最明显的代表即为特色庄园模式、田园农业旅游模式等,根据区域内的产业不同又可开发出园林观光游、务农体验游、花乡观光游等旅游产品。产业依托型,适合农业产业或其他特色产业规模和效益均较为突出的地区,以当地农田景观、农产品加工工艺以及产品体验为特色,带动餐饮、住宿、购物、娱乐等产业的发展,由此产生强大的经济效益。产业依托型也是城市人群最为喜爱的一种乡村旅游模式。我国台湾地区的庄园旅游多采用这种模式。

(四)历史依托型

这种类型的乡村旅游多以具有悠久历史的古村镇为依托,也是乡村旅游开发中较为常见的一种类型。古村镇旅游多利用古村镇的房屋建筑遗迹、有特色的民居、历史感强的街道和店铺以及古色古香的寺庙、园林来发展旅游。在历史依托型乡村旅游开发建设中,除保留当地的特色建筑、街道外,往往还肩负着传承历史文化的使命,在景区中多通过特色文化传承来弘扬和传承历史文化和特色民俗文化。这一点主要体现在七个方面:遗迹保护、氛围延续、民俗体验、节事活动、工艺传承、艺术继承、纪念品开发。历史依托型的典型案例,如乔家大院、福建闽南土楼、云南瑞丽傣族自然村、红河哈尼族民俗村、山西平遥、云南丽江等。

(五)民俗文化依托型

在我国乡村中存在大量丰富多彩的民俗文化,这一资源是乡村旅游中最为独特、最值得发掘和保护的资源。民俗文化依托型常常以当地独具特色的风土人情和民俗文化作为吸引特点,在旅游产品设计中突出乡土文化和民俗文化的特色,开发出一系列农耕展示、农业生产体验、民间技艺、民间节庆活动、时令民俗、民间歌舞等旅游活动,以此增加乡村旅游的文化内涵。然而,在历史依托型和民俗文化依托型开发模式中,存在现代商业文明与乡村传统历史文脉和民俗文化的冲突，在这两个类型的开发建设中，应注意对乡村文化的保护和传承。民俗文化依托型的典型案例，如新疆吐鲁番坎儿井民俗园、山东日照任家台民俗村、湖南怀化荆坪古文化村等。

（六）创意主导型

创意主导型是指通过深入挖掘区域内的乡村民间手工艺品、非物质文化资源等（如陶瓷、皮影、蜡艺、书画、漆器等）独特的民间艺术，打造乡村创意文化旅游，通过艺术创新丰富乡村旅游体验，吸引游客参与到创意环节中传承民间手工艺以及非物质文化遗产。创意主导型的典型案例，如无锡泥人文化创意博览园等。

（七）科技依托型

近年来，随着我国农业科技的发展，我国在乡村地区建设了一批现代化农业科技园区，这些园区依托科技展现现代农业的风貌，通过农业科技生态园、农业博览园、农业观光园、农业产品展览馆、农业科技教育基地、观光休闲教育农业园、少儿教育农业基地等形式，打造集教育、观光、体验、展示于一体的现代乡村旅游业，为游客提供了解农业历史、学习农业技术、增长农业知识的综合旅游活动。科技依托型的典型案例，如山东寿光生态农业博览园、广东高明蔼雯教育农庄、北京昌平小汤山现代农业科技园等。

二、乡村旅游的运营模式

随着乡村旅游事业的繁盛，近年来，越来越多的群体参与到乡村旅游开发中。随着开发群体的多样化，乡村旅游的运营模式根据开发、运营人群的不同可分为两种类型。

（一）股份制运营

股份制运营模式是目前乡村旅游中运用最多的一种模式，是以农户、农村集体组织以及外来企业将旅游资源、土地资源、旅游区域内的不动产资源、技能资源、劳动资源等经过专业的价值评估转化成公司股本后，共同成立股份制合作公司的形式，进行股份制经营的乡村旅游开发模式。

股份制运营模式根据参股人员不同、职责不同可以分为三种不同的组织模式。

1.“政府+公司+旅行社+农民旅游协会”模式

这种模式由政府主导，集合民间资本、农民群体参与。近年来，随着国家乡村战略的兴起，越来越多的政府参与到旅游项目中。在这种组织模式中，政府负责乡村的整体编制和规划，承担融资、建设旅游基础设施、优化当地乡村发展环境的职能；公司则负责乡村旅游项目的运营与管理工作；旅行社则开拓市场，解决乡村旅游项目的客源问题；农民旅游协会负责维护与修缮区域内的自家房屋，使其服务于乡村旅游项目。虽然这种模式股东方群体较多，但分工明确，各司其职，能够充分发挥各群体的优势，并协调各群体间的利益关系，是目前乡村旅游中常用的一种组织模式。

2.“公司+农户”模式

这种模式参与方虽然只有公司和农户两方群体，然而其背后通常有政府部门的引导和整体把控。一般来说，这一模式中的公司多为地方政府引入外地龙头企业或当地有实力的企业，公司负责乡村旅游项目的总体投资、经营，建设基础设施、旅游景区内的景观建造、从事市场营销活动以及日常的乡村旅游项目管理等。村民则通过以土地承包经营权或房屋使用权入股的方式参与景区的建设和管理，通过日常劳动获得工资收入，成为乡村旅游中的服务人员，由传统的、从事农业生产的农民变为新型农民。

3.“农户+农户”村民公司模式

这种模式也是由政府所引导，村民高度自治形成的一种乡村旅游开发运营模式。这种模式的资金往往全部由农户自发筹集，经营和管理也由农户及当村乡民自主摸索。因此，这种乡村旅游开发模式，往往存在资金不足或日常经营管理不善等问题。这种模式也是现阶段乡村旅游开发中较为常见的一种模式。

（二）个体农庄

和股份制运营模式相对应的是个体农庄模式。这种模式是以较有规模的农业个体户为龙头发展起来的，通常是农业个体户将自己经营的农场、果园等改造成旅游项目，打造一系列完整的旅游产品，提供接待服务。这种模式与股份制运营模式相比，规模较小，然而却具有较高的自主性和灵活性，是现阶段乡村旅游开发中较为常见的一种模式。

第六章

产业文化视角下的乡村振兴路径探究

第一节　淡水渔业文化传承的路径

民以食为天，渔耕食之源。中国是世界上淡水总面积最大、淡水渔业最发达的国家之一，淡水总面积超过1700万公顷，其中可供养鱼的水面超过500万公顷。同时，我国还是全球淡水鱼养殖最早的国家，2400多年前的春秋战国时期，范蠡就写出了世界第一部养鱼专著《养鱼经》。在养鱼、捕鱼、食鱼等生产实践和消费过程中，勤劳、勇敢、智慧的中国人民掌握了渔猎等复杂的生产技能，逐渐创造出了丰富灿烂的淡水渔业文化。在漫长的历史长河中，中国淡水渔业文化不断发展演进，内容逐渐丰富，不仅渗透在以渔为生的渔民的生产生活中，也极大地影响了中国人的社会生活，并代代积累传承，直到今日。

党的十九大报告明确指出："中国特色社会主义进入新时代，我国社会主要矛盾已经转化为人民日益增长的美好生活需要和不平衡不充分的发展之间的矛盾。"人民的美好生活需要包含丰富的内容，美好的精神生活需要也是一个重要方面，而丰富多彩的淡水渔业文化是满足人民美好精神生活需要的重要内容。在水产品极大丰富并满足了人们的物质需求之后，充分挖掘、利用、传承文化元素，既是弘扬中华优秀传统文化的需要，也是我国淡水渔业转型升级的需要，更是丰富人们精神家园的需要。

一、我国淡水渔业文化的地位

我国是渔业大国，渔业文化资源丰富。淡水渔业在渔业历史的长河中不断发展演化，创造出灿烂多姿的淡水渔业文化，在中华传统文化中拥有一席之地。

（一）我国淡水渔业文化是人类文化的宝贵遗产

渔业发展史成就了人类发展史，衣食住行各个方面都有渔业文化的影子。距今约7000年的河姆渡居民的采集和渔猎经济比较发达，遗址出土了大量的鱼类遗骨和骨簇、骨哨、木矛、石丸、陶丸等渔猎工具，以及圆雕木鱼、陶塑鱼等工艺品。公元前5000年至公元前4000年间的马家浜文化遗址也显示出渔猎经济的重要性。殷墟是我国商朝后期的都城遗址，位于河南省安阳市，因出土大量的甲骨文和青铜器而驰名中外。在殷墟的发掘中，有20多座灰坑中发现了鱼的残骸，鉴定为鲻鱼、黄颡鱼、鲤鱼、青鱼、草鱼和赤眼鳟，属庖厨的弃物。在殷墟发掘的整百座中、小型墓葬中，有17座墓中随葬有鱼。殷墟出土的甲骨文中，有“渔”和“鱼”二字之分，“鱼”字描绘鱼的形态，而“渔”字则有双手拉网捕鱼和手持竿钓鱼的画面。甲骨卜辞中也多次出现商王“在圃鱼”的刻辞及商王卜问鱼生长情况和有无灾祸的卜辞，这说明在商代晚期已出现了专供商王捕鱼的人工养鱼池。这些遗址文物足以证明我国淡水渔业文化历史悠久。淡水渔业文化见证了人类文明的进步，为人类提供了强有力的思想和精神动力，成为推动经济、社会发展的重要力量，是人类文化的宝贵遗产。

（二）我国淡水渔业文化是农业文化的重要组成部分

中国以农立国，拥有悠久的农业历史，渔耕牧猎是我们祖辈世世代代谋食求生的基本技能，我们的文化也在这片土地上生发出来。淡水渔业从春秋时期的范蠡养鲤鱼算起，已经历了2000多年的沧桑，一直以不断拓展的势头雄居世界之首。从捕捞、养殖、食鱼发展到观赏、书写、绘画、音乐、舞蹈等，渐渐形成丰富多彩的淡水渔业文化。在当今的中华大地上，由南到北，从东到西，淡水渔业文化千姿百态、绚丽多彩，如福建省浦源的鱼溪鱼家、江西省鄱阳湖的渔鼓鱼灯、湖南省汉寿的鱼龙全、太湖渔家的献头鱼、新安江“九姓渔民”的抛新娘、浙江省温岭的大奏鼓、白洋淀渔家的船轿迎亲、西藏自治区俊巴渔村的牛皮船舞……可以说，我国的淡水渔业无论是在国内还是世界的农业产业中，都具有重要地位，发挥了巨大作用，衍生出来的淡水渔业文化也成为农业文化的重要组成内容。目前，我国的哈尼梯田稻渔系统、湖州桑基鱼塘系统都已经被认定为世界农业文化遗产。

（三）我国淡水渔业文化具有传承价值和多元功能

从古到今，我国淡水渔业文化经历了几千年的沧桑巨变，既有深远的历史积淀，又有兼收并蓄的时代特色，拥有丰富的文化多样性，具有重要的传承价值和多元化功能。比如，春秋时期范蠡的《养鱼经》作为水产养殖文化的结晶，指导着几千年来的水产养殖业的发展，呈现出显著的经济功能；丰富多彩的垂钓文化、观赏鱼文化，激发着我国休闲渔业的长足发展，呈现出潜力巨大的旅游功能；祖先创造的桑基鱼塘、稻鱼共生、水域立体养殖等渔业生产技术，体现出古人对水域资源的充分开发和利用的聪明才智；与鱼共生、不竭泽而渔等人与自然和谐相处的理念，支撑着渔业走上可持续发展道路，呈现出不可估量的生态功能。诸多以渔为生的民族都有自己的渔文化，如哈尼族的梯田稻渔综合种养、赫哲族的鱼皮服、苗族的杀鱼节、高山族的渔祭节、白族的渔潭会、满族的鱼图腾、维吾尔族的鱼生肖、黎族的鱼茶、侗族人的酸鱼席、布朗族的卵石鱼汤等。这些渔文化具有鲜明的民族特色和风格，是维系民族生存和发展的精神纽带。传承好民族特色和包括渔业文化遗产在内的我国淡水渔业文化，有利于增强民族凝聚力，提高世界其他民族对中华民族传统文化的认同感。

二、我国淡水渔业文化的内涵与价值

淡水渔业文化经过多年发展，自成体系，内涵丰富。学术界对淡水渔业文化内涵的界定尚不统一。有的学者从产业文化角度理解，将淡水渔业文化等同于渔业文化，认为两者基本同义，是在淡水渔业发展过程中积累起来的、受到淡水渔业影响所创造的文化总称，包括与淡水渔业相关的物质、行为和精神方面的文化现象。有的学者将淡水渔业文化囊括进渔文化，并从广义上加以界定，认为渔文化是人类在渔业活动中所创造出来的人与经济水生生物、人与渔业、人与人之间各种有形或无形的具有流转性和传承性的物质文化、非物质文化及制度文化的成果总和，既包括地表遗留痕迹，又包括各种文学、艺术、民间工艺，还包括渔民长年累月积淀而成的特定风俗习惯、生活方式及价值追求等。还有的学者从哲学视角理解渔文化，认为它蕴含着“与鱼共生”“人海和谐”的思想内涵。即便如此，大家却都认为，淡水渔业文化不仅具有显著的经济价值，还具有不可估量的观赏与审美价值、文学艺术价值、科研价值和社会价值。

(一)从金鱼到锦鲤、观赏鲤鱼——观赏与审美价值

我国最早的观赏鱼当数金鱼。金鱼作为观赏鱼养殖和传播与佛教的中国化有密不可分的关系。由于佛教宣扬放生可使人消除罪孽和代表了向善之心,于是在佛教传入中国后,寺庙及放生池越来越多。到了唐宋时代,达官显贵家庭饲养红鲫鱼渐渐形成风气,南宋时期出现了专门养殖金鲫鱼的职业,名为“鱼把式”或“鱼儿活”,金鲫鱼养殖的专业化使得原为上流社会所独享的金鱼观赏逐渐进入寻常百姓家。到了明代中期,稳定的社会环境和繁荣的经济使得金鱼养殖繁殖和鉴赏上升为理论。民国期间金鱼养殖起起落落,抗战胜利时约有 40 个品种。中华人民共和国成立以后,金鱼品种大为增加,1958 年已经有 154 种,截至现在有 300 多种,成为一个数十亿元的大产业,每年有金鱼选美活动数十场,金鱼养殖者达数百万人。金鱼被广泛应用于年画、雕刻、刺绣、彩绘等各类工艺,文化艺术形态从一个侧面反映了人们高雅的审美情趣和文化追求。

中国是鲤鱼的故乡,在长期的渔业育种工作中培育出了中华彩鲤、兴国红鲤、荷包红鲤、玻璃红鲤、瓯江彩鲤、龙州镜鲤等观赏鲤。养殖锦鲤能怡情养性,美化环境,而且只要具备正确的鉴赏眼光和饲养方法,中小锦鲤还可以保值增值。那些具有匀称健硕体型、清晰艳丽色质、匀称合理花纹、优美顺畅泳姿的锦鲤更是价值连城。北京朝阳公园首次举办的观赏鱼大赛,福州金鱼协会的“兰寿”与北京红运锦鲤养殖中心的“白写”分别摘取了金鱼组、锦鲤组的冠军。在随后举行的观赏鱼拍卖会上,这尾“白写”拍出了全场最高价 120 万元,足以看出这些鱼类的观赏与审美价值。

总之,现代观赏鱼以其艳丽体色、奇特体态、多样习性而受到人们的喜爱。目前,世界鱼类有 50 000 种左右,其中有观赏价值的为 1000～2000 种,利用普遍的则在 500 种左右,且绝大部分是淡水鱼类,我国观赏鱼有 250 多种,大多是经过人工长期培育创造出来的,蕴含着丰富的历史文化信息。饲养这些鱼类,不仅给人们带来美好的视觉享受和愉悦的心情体验,还传达出美学理念和审美价值。

(二)从《诗经》、远古鱼纹到绘画、民歌和文艺创作——文学艺术价值

淡水鱼类的文学艺术价值与多种文化艺术形态有着密切的联系。

1. 鱼类与文学创作

在《诗经》中，对养殖鲤鱼已有较多的阐述和记载，出现鱼字和鱼名的地方约有30处，涉及的鱼名有鲂、鳣、鲔等12种，关于咏鱼的诗篇，有描述当时捕鱼方法的，也有表达鱼在人们生产生活中诸多作用的。唐诗中关于鱼的诗歌有3000多首。自北宋诗人苏舜钦和苏东坡在诗词中涉及金鱼以后，随着蓄养金鱼的普及，以金鱼为艺术题材的诗词大量出现，如清代词人陈维崧以词牌《鱼游春水》吟咏金鱼的词即多达三四首，近代鸳鸯蝴蝶派作家周瘦鹃先生曾写了颇富情趣的散文《金鱼话》上下篇来记述他养金鱼的乐趣，现代著名文学家邓拓也有一首七律诗歌咏金鱼。

2. 鱼类与绘画艺术

从远古鱼纹到绘画创作再到邮票设计，鱼类的文学艺术价值不断得以体现。清末著名画家如天津的梅振瀛、扬州的虚谷等都特别擅长以金鱼入画，近现代绘画大师如齐白石、吴作人、刘奎玲、汪亚尘、赵少昂、凌虚等也都有金鱼绘画传世。赫哲族人常常以绘画、雕刻、伏帖等方式将以水波纹、鱼鳞纹、鱼网纹等以几何文饰为主的图案形状运用于服装、器皿的装饰上，这些异彩纷呈的图案造型艺术让人们强烈地感受到赫哲族渔文化的韵味。

3. 鱼类与民歌民谚

我国渔民先辈们在渔业生产生活中创作了许多渔谣、渔歌、渔谚和歇后语等。例如，赫哲族渔民根据各种鱼类的活动规律和自然季节的变化，将“二十四节气歌”与渔业生产的季节性结合起来，编撰出“立春棒打鱼，惊蛰忙织网”的“捕鱼节气歌”。另外，还有口头说唱文学“伊玛堪”、说胡力(民间故事)、特伦固(历史故事、民间传说等)、嫁令阔、赫尼哪、白本出、博布力等曲调，也是赫哲族人在捕鱼生产之余触景生情创作的优美动听的曲调。

(三)从鲤鱼到松浦镜鲤、福瑞鲤——科研价值

淡水渔业文化的科研价值表现在以下几方面：

1. 物种价值

从远古鱼种到现代鱼种，鱼类的繁衍更迭产生了巨大的物种价值。世界上已知鱼类约有26 000种，淡水鱼约有8600种。我国现有鱼类近3000种，其中淡水鱼有1000余种。英国生物学家、进化论奠基人达尔文在《物种起源》《动物

和植物在家养下的变异》等著作中，以中国金鱼为例，证明其物种进化论学说。

2. 生物学研究价值

形态特征的多样性和数以百计的品种，使金鱼的变异和遗传蕴含着丰富的科学知识，成为遗传育种和教学研究的重要对象，也是面向青少年进行科普宣传教育的生动教材。我国著名科学家陈桢教授的《金鱼的家化与变异》一书，成为遗传学研究领域的经典文献；世界著名生物学家林奈在其名著《自然系统》中将中国金鱼作为研究鲫鱼的模式标本。淡水鱼的科研价值一旦转化为经济价值则可以造福于民。国家大宗淡水鱼产业技术体系岗位科学家们持续选育含肉率高、生长速度快、成活率高、适应性强和抗病力强、易垂钓或捕捞、人工驯化程度高、养殖经济效益高的新品种，如松浦镜鲤、福瑞鲤等，通过体系推广到各个综合试验站进行养殖，为西北贫瘠大地和西南贫困山区的渔民送去了致富的种子和希望，促进了当地的渔业技术进步。

(四)从渔猎到养殖——社会价值

淡水渔业文化的社会价值表现在以下几个方面：

1. 生产方式转变带来的社会价值

从渔猎到养殖，渔业生产方式发生了转变，渔民的生活方式也随之变化，由此带来渔村的繁荣与发展。鱼类是最早的人工食物，对先民生产领域的开拓、劳动工具的发明及智力的开启与艺术创作的推动，甚至对原始宗教的发展，都具有十分重要的意义。对自然崇拜的生存观念、游动迁徙的生存方式、合作和分享的平和心态构成了渔猎文化的基本特征，推动了渔业经济的快速发展。殷墟出土的甲骨卜辞，证明我国早在殷商末年就开始养殖鱼类，至秦汉时期淡水鱼的养殖已从小型水体的池塘发展到大型水体的湖泊。在当代，淡水渔业发展更为迅猛，以洞庭湖区为例，池塘精养成为当地渔业主要养殖模式，养鱼收入成为当地养殖户主要收入来源，渔业对当地大农业产值的贡献率很高。

2. 文化资源开发带来的社会影响力

丰富多彩的饮食文化、垂钓文化、观赏鱼文化等促进了我国休闲渔业的长足发展，使渔文化传播速度加快，呈现出潜力巨大的社会影响力以及不可估量的生态价值。以浙江青田稻鱼共生系统为例，在距今 1300 多年的唐代，青田即有稻田养鱼，但长期以来都是以人放天养为主。20 世纪 50 年代，青田县鼓励农民饲养田鱼，但仍以自然养殖为主。一直到农村实行家庭联产承包责任制以后，当地的田鱼饲养才在单产、面积等方面有了大的提高。联合国粮食及农业组织（简称粮农组织或 FAO）发起全球重要农业文化遗产保护项目后，我国科学家与 FAO 保持密切联系，国内外专家学者多次实地考察，被 FAO 列为首批“全球重要农业文化遗产”，青田稻鱼共生系统由此蜚声世界，每年都有数万名游客前来参观，当地农民群众因此受益，而与青田稻鱼共生系统伴生的山水风光、特色建筑、传统村落古建等也一并焕发出新的光彩。

3. 增进友谊和国际交流

鱼类是和平、幸福、美好、富足的象征。古代贤达之人有以干鱼作为贺诞礼物的传统，彰显了君子之交淡如水的美德。唐代盛行“鱼符”“鱼袋”制度，是鱼文化在政治层面的体现。在国际交往中，鱼类还扮演友好和平使者的角色，如墨西哥把稀有的盲鱼作为贵重礼物赠送给北京动物园；日本则把精心挑选的最珍贵的锦鲤作为礼品送给我国政府。

三、淡水渔业文化传承的路径

中国地域辽阔，本身就是一个巨大的文化宝库，淡水渔业文化在文化、信仰、艺术、社会组织等方面具有传承价值。然而在工业化、城市化以及外来文化的不断冲击下，淡水渔业文化濒临消失，甚至有消亡的危险。我们应以更加积极的态度、更加长远的眼光，把淡水渔业文化传承与乡村振兴紧密结合起来，让淡水渔业文化在新时代展现新的魅力，获得新的发展，实现活态传承。

（一）深入开展研究

理论研究是文化传承的重要方式。中国淡水渔产业十分发达，但关于淡水渔业文化的研究却比较薄弱。虽然历代一直有关于渔文化方面的研究，涉及渔文化的内涵与价值、食鱼文化、渔民与渔村文化、渔文化的保护与开发等方面，但研究内容多集中于整体渔文化或海洋渔文化，专门针对淡水渔业文化的研究很少，研究成果有限。中国淡水渔业发展历史悠久，现阶段淡水渔业村、淡水渔业人口、从业人员、传统渔民的数量以及产值均多于海洋渔业。深入开展淡水渔业文化研究，对后人了解淡水渔业文化有重要参考价值，研究空间巨大，意义深远。今后一段时期，淡水渔业文化的研究可以从以下方面深入：

1. 淡水渔业文化变迁研究

文化的变迁有其自然规律和历史规律，如何把握淡水渔业文化发展变化的理性规律，需要从更长远的历史视角、更宽广的全球视野来进行系统研究。

2. 淡水渔业文化对产业发展影响研究

在大力弘扬中华传统文化、全面实施乡村振兴战略的背景下，如何挖掘淡水渔业文化元素价值，使其转化为生产力、产生效益，助力乡村振兴，值得研究。尤其是将淡水渔业文化保护传承与农村一二三产业融合发展有机结合，探索具有文化内涵的三产融合发展模式，以文化打造产品品牌、提升产业核心竞争力，是未来研究的重点之一。

3. 国外渔文化发展研究

淡水渔业文化研究要有国际视野。许多国家和地区对渔业十分重视，如印度、日本、泰国、菲律宾等国的渔文化也有其发展和演变规律。从国外渔文化发展研究中找出国外渔文化发展的特点，从中找出保护和传承中国淡水渔业文化可以借鉴的经验。

(二)充分挖掘整理

我国各地淡水渔村、渔民、渔船等大都保留了丰富多彩的渔文化，如船俗文化、婚俗文化、节俗文化、食俗文化以及渔具渔法、渔服渔饰、渔谚渔歌、渔事渔会等。随着淡水渔区、渔村、渔民生活现代化进程的加快，传统渔文化受到较大冲击，有的甚至已经消失。传承淡水渔业文化，应充分挖掘淡水渔业文化，全面系统普查，摸清家底。对祭祀礼仪、诗词谚语、民歌民谣、神话传说等与淡水渔业生产生活有关的各类礼仪、民俗风情、传统习惯等进行溯源与整理，以出版典籍、竖碑刻字、技艺传承等方式将淡水渔业文化保护、传承下去，留住“乡愁”记忆。例如，象山渔文化研究会整理出版了《象山妈祖文化述略》《中国渔业第一村——象山石浦东门岛》《象山渔乡民间故事》《中国渔文化论文集》等书籍；象山渔文化书画院邀请全国90余名篆刻名家集体创作，以渔文化为创作内容，并选出了其中近百方佳作编印《中国渔文化印谱》。黑龙江省同江县街津口赫哲族乡渔业村依托伊玛堪艺术团，对原生态渔文化进行挖掘传承和保护，培育出国家级非物质文化遗产传承人1名、省级各类传承人6名。贵州省福泉市仙桥乡王卡“杀鱼节”被列为贵州省级非物质文化遗产保护名录，整个活动分为：传米、做鱼药、放药、擒鱼、吃鱼饭五个环节，节日带有浓厚的原始群居狩猎的生活遗风。

（三）加强展示体验

建设渔猎文化博物馆、展览馆、展览室等文化展示场所，既可以保护散落在民间的传统渔猎文物，也可以传承渔文化精髓。通过展示传统渔猎用具，还原渔民生活场景，述说风土人情，可以增加对渔文化的直观认识。可以把展示场所打造成多元化的传承培训基地和体验中心，既有民俗文化的产业集群，又有民俗文化的展示表演，更有民俗文化的研究、传承与培训。定期或不定期举办一些活动，吸引青少年前来学习培训，获得文化熏陶；推动各种文化交流，吸引各地民间艺术家前来交流学习，获得文化启迪；把文化传承与体验结合起来，以妙趣横生的方式让人们体验传统渔猎生活方式，感受传统渔猎文化的独特韵味，加深对渔文化的认识与了解。浙江省遂昌县焦滩乡焦石娄村着力打造“渔文化长廊”，建成后不仅能成为展示当地渔文化的场所，还能成为村民休闲的好去处。浙江省青田县高市乡石门渔村摆放“渔文化”雕像，在进一步展现渔文化的同时，丰富了乡村旅游的景观文化。中国非物质文化遗产保护中心利用数字技术全面、真实、系统地记录非物质文化遗产代表性项目的相关情况，生成文、图、音、视、三维动画等多类型的数字资源成果，建立相关数据库，设立了中国非物质文化遗产数字博物馆，在网上展示非物质文化遗产，既节省了成本，又避免了丢失，这种方式也值得借鉴。

四、博物馆助力体验式传承——吉林省松原查干湖渔猎文化博物馆

查干湖位于吉林省松原市，这里有“中国北方最后的渔猎部落”，有经过一万多年厚重历史积淀的渔猎文化，形成了个性鲜明、古老神奇的魅力。这里落成了我国唯一一座以渔猎文化为主题，集文物收藏、展览、文化研究、开发于一体的现代化博物馆——渔猎文化博物馆（全名：查干湖渔猎文化博物馆暨查干湖国家级自然保护区博物馆）。

（一）发展历史

渔猎文化博物馆是由查干旅游经济开发区、查干湖国家级自然保护区管理

局、查干湖渔场共同开发建设的。这座标志性建筑从创意、策划到设计、施工,历时 4 年。该项目基建、装修装饰及布展共投资 5000 万元,占地面积 1.5 万平方米,建筑面积 4440 平方米,展厅面积 3000 平方米。

(二)建筑布局

博物馆位于查干湖畔的沼泽湿地中,建筑的整体外饰采用拟木形式饰面,局部侧壁采用锈石贴面,保证了湖中建筑物不受腐蚀侵害。建筑创意是一艘巨大的荡漾于芦苇丛中的木筏,外形采用的是古代渔猎活动常用的木架窝棚造型,仿土木建筑结构。墙面镶嵌着鱼骨、贝壳等化石造型,加上冰镩、渔网围栏,广场上形态各异的查干淖尔渔夫雕像,让人感受到了浓郁的渔猎文化气息。

(三)建馆意义

渔猎活动是人类原始时期的主要生活方式之一。查干湖及松花江沿岸的青山头红石砬子等大量的出土文物和文化遗址证明,旧石器时代就有人类在查干湖畔繁衍生息。从传说中的肃慎、东胡、秽貊三大部落到夫余、渤海时期,查干湖畔的先民们依然以渔猎为主要生活方式。得天独厚的自然资源环境,使这种原始、古老的生活方式一直延续了 1000 多年,直到辽金时期,随着北方地区的游牧文化、渔猎文化与中原农耕文化的日益交流与融合,查干湖渔文化才逐渐发展。从辽代至元代,皇帝每年春天都要带领群臣、嫔妃来到查干湖进行"春捺钵",在湖畔举行盛大的祭湖仪式,凿冰捕鱼,设"头鱼宴"款待群臣使节。相传成吉思汗率蒙古铁骑攻占金国重镇塔虎城后,来到湖畔青山头,面对查干湖亲奉九种礼贡焚香祭拜,并将查干湖水称为"圣水"。至明、清时期,查干湖的渔猎活动已经空前繁盛。查干湖渔猎文化博物馆完整地展示了查干湖 10000 多年的渔猎历史,生动地展现了查干湖的自然资源、自然历史,并依其文化的同源性,对世界的渔猎文化和中国南、北方的渔猎文化加以总结概括,成为查干湖、中国乃至世界渔猎文化的永恒见证。

(四)文旅融合推进

合理开发淡水渔业文化资源,推动其产业化发展,可以更好地发挥渔文化资源的精神价值、艺术价值和经济价值,这也是一种传承方式。例如,内蒙古巴彦淖尔市磴口县立足当地丰富的湖泊湿地资源，深挖渔区拥有的具有浓厚地方特色的传统历史文化和各种人文遗存，整合渔村、渔具、渔船、渔场、渔汛、渔灯、渔歌、渔曲、渔鼓等原生态文化资源，将渔文化元素融入旅游业的发展中，集中精力打造集休闲、食用、科普、观赏等功能于一体的休闲渔业旅游新模式，通过举办全国沙漠垂钓大赛、开展特色水产品展示、沙漠鱼王评选、千人摸鱼大赛、冬捕、冬钓、巧媳妇黄河开河鱼烹饪大赛等休闲渔业旅游节庆活动，满足了现代人寻根问祖、返璞归真等体验需求，大幅提高了知名度。目前，磴口县已建成纳林湖、金马湖、万泉湖三处大型休闲渔业基地和休闲生态鱼庄 30 余处，总水面 10 万亩的奈伦湖正在建设休闲渔业基地，围绕"以渔兴业"的三盛公黄河风情小镇、金马湖渔村也在加快建设当中，"渔业＋旅游"模式成为农牧民致富增收的新途径。

五、挖掘渔耕文化，打造乡村旅游精品

江西有"鱼米之乡"之称，素以大米为主食、鱼肉为副食，而鄱阳湖区的万年县和鄱阳县更是"饭稻羹鱼"的典型代表。"鹅湖山下稻粱肥""家家扶得醉人归""稻花香里说丰年，听取蛙声一片"，就是这一带农家生活的真实写照。深入挖掘和充分利用鄱阳湖区域丰厚的渔耕文化资源，打造渔耕文化旅游特品，对于江西传承悠久的赣鄱稻作渔业文化，丰富乡村旅游产品，提升文化旅游品位，促进文化旅游产业以及区域经济的发展，都具有重要意义。

（一）资源优势

1. 历史悠久，影响世界

鄱阳湖区的万年县，万年前就开始了饭稻羹鱼的农耕生活，是世界上第一颗稻谷的诞生地。在万年仙人洞和吊桶环遗址上，发现了距今 1.2 万年前的栽培水稻植硅石，把世界栽培水稻的历史向前推进了 5000 年，被国际农业考古证实，是世界稻作起源中心和发源地。"万年稻作文化系统"被联合国粮农组织列入全球重要农业文化遗产，确定为全球重要农业文化遗产保护项目试点。有着 2200 多年历史的鄱阳县百姓沿湖而居，以湖为家，尊湖为母，捕鱼为生，用质朴厚道的生产生活方式，保护了一湖清水。

2. 产品繁多，出类拔萃

具有丰富的生物多样性的赣鄱平原，带给世人的是琳琅满目的农副业产

品、手工艺品、美味佳肴和精湛独特的稻作、养殖技艺。其中万年珍珠、鄱阳湖水产堪为代表，万年珍珠享“中国珍珠看江西，江西珍珠看万年”之盛誉，鄱阳湖的银鱼、螃蟹等河鲜，种类繁多，品质出众，“绿色、生态、安全、健康”已成为当地水产品的最大特色和亮点。

3. 习俗浓郁，流传万代

千万年来，江西人过着“饭稻羹鱼”的渔耕生活，形成了包括农谚、歌谣、民俗、耕技、捕捞等独具地方特色的渔耕文化，不少习俗仍沿袭不衰，深受百姓喜爱，如农谚、渔歌、春社、跳傩、抬阁、划龙船、闹花灯、渔事礼仪等民间活动。

（二）总体思路

在建设目标上，乘着鄱阳湖生态经济区建设东风，深入挖掘和充分利用鄱阳湖渔耕文化资源，以悠久宏大的稻作遗址、优质丰富的稻作渔业产品、独特精妙的稻粱加工技艺、花样繁多的捕捞工艺、醇厚质朴的渔耕习俗、丰盛美味的农家菜肴为基础，精心开发渔耕文化旅游项目，着力打造集渔耕文化、观光、休闲、娱乐、体验、养生于一体和游、购、娱、吃、住、用相配套的“饭稻羹鱼”美滋美味乡村旅游特品。

在空间布局上，着力构建渔耕文化旅游圈。

在产品开发上，依托四个载体（稻粱文化博览园、稻作文化自然村、稻作文化节、鄱阳湖渔会），打造五类产品（稻粱风光、稻粱风物、稻粱风情、渔作风物、渔家风韵），并注重将当地百姓生活与旅游活动有机结合起来，营造融合相通的交流环境。当地百姓就是旅游接待者，参与旅游经营和服务，旅游帮助他们提高技艺、改善生活、脱贫致富；旅游者走进的是真正的农家、渔家，体验真实的生活，体味真切的情感，从而满足双方需求，实现当地居民与外来游客的互动共赢。

（三）以鄱阳渔作文化为核心的旅游产品设计

1. 渔作风物

主体为立于湖畔码头之上的鄱阳鱼馆。主要特征为乐观、积极、热闹、节制，精细并举，集展览、展演、展示、体验、交易于一体。以渔港或码头为基地，展现渔民由出港起航到收获返航的劳作过程、渔事礼仪，让游客目睹、参与渔民的渔业生产，共同体会期盼、等待、收获的心路历程。通过鱼博物馆，让游客了解当地渔业的古今发展历程，认识各色鱼虾及其繁衍规律，感受鱼类产品，品尝活水煮活鱼的美味佳肴，体味古老文明与现代文明的融合。

2. 渔家风韵

主体为渔家小村。主要特征集生活、体验、漫游于一体，悠闲、自在、愉悦同行。以自然渔村为载体，融旅游于生活，村民既是居住者又是工作者，节庆民俗、饮食民俗渗透于生活，游客在自然状态中感受真实的鄱阳湖渔家风情。这里有休闲时的品茗小唱，有出工前的紧张忙碌，有节庆时的热闹喜庆，有餐饮时的别具一格，有畅谈时的酣畅淋漓；这里是渔家的聚宝盆，也是城里人放松自我、回归自然、寻求自在的闲逸地。

（四）保障措施

1. 政府主导，政策支持

将发展渔耕文化旅游列入政府工作议程，统一规划、统一布局，在政策、资金、人才引进等方面提供支持和帮助，在体制机制上予以保障，并积极争取鄱阳湖生态经济区建设、文化部门的非遗保护、渔业发展等相关优惠政策。

2. 统一形象，联合营销

渔耕文化旅游应被纳入政府的形象宣传范畴，统一标识、统一包装、整体推出。

3. 人才培养，渠道多样

渔耕文化旅游是人才密集型产业，既需要大量一线的熟练技术工，也需要开拓创新的管理人才，引进人才、留住人才、用好人才、提升人才，事关产业的成败。

4. 产业跟进，持续发展

旅游产业的魅力在于不断生成新产品，形成新业态，延伸产业链，渔耕文化旅游亦是如此。应围绕稻米、稻田、鱼虾、湖水做文章，从生活到生产，从粗加工到深加工，从一产到二产、三产，从家庭到市场，形成丰富的稻作、渔业产业链条。

5. 积极宣传动员

淡水渔文化的传承不是单靠一个组织、一个部门就能完成的。需要动员全社会的力量才能完成。要通过各种媒介，运用各种方式，大力宣传水产品在人民生活中的地位，特别要面向大中城市的居民，宣传淡水渔业文化。通过广泛宣传，不只让渔民，也让城乡居民意识到淡水渔业文化的价值，成为文化的自觉者，主动承担起身边遗存物等物质文化、风俗习惯等行为文化以及禁忌信仰等精神文化的传承保护工作。通过广泛宣传，让有能力的民间人士主动承担起淡水渔业文化的收集、整理、保护和传承工作。通过广泛宣传，让越来越多的渔村注重对淡水渔业文化的保护与传承，把原先遗弃的、认为无价值的，却能够代表淡水渔业文化的事物积极收集、保护起来，通过有效形式展示出来，成为历史教育、文化洗礼的有效载体。

第二节　农耕文化传承的路径

中国以农立国，我们的祖辈世世代代在这片土地上撒下种子，收获产品，拥有悠久的农业历史。根据气候节律和自然条件，土地每一年都会经历春种、夏耕、秋收、冬藏，人们顺应土地的产出规律，不断获得幸福感，我们的文化也在这片土地上生发出来，而这样的文化也慢慢演变成了人民的精神家园，成为中华民族发展壮大的强大精神力量。农耕文化是中华文化的根基，就像农业是国民经济发展的基础一样重要。“中央一号文件”指出：“农业不仅具有食品保障功能，而且具有原料供给、就业增收、生态保护、观光旅游、文化传承等功能。”现代农业发展与农耕文化的传承是密不可分的整体。中国（庆阳）农耕文化节强调了农耕文化与现代农业的密切关系。

然而，在城乡一体化发展进程中，传统农业向现代农业转型升级，农耕文化却面临衰落和流失的威胁。因此，守住农耕文化中那些活的中华民族的基因，守住土地中的伦理，守住中国文化的信仰，守住中国人在天地四时中建立起来的秩序，显得十分迫切。习近平总书记在中央农村工作会议上指出：“农耕文化是我国农业的宝贵财富，是中华文化的重要组成部分，不仅不能丢，而且要不断发扬光大。”“中央一号文件”提出，传承发展提升农村优秀传统文化，深入挖掘农耕文化蕴含的优秀思想观念、人文精神、道德规范，充分发挥其在凝聚人心、教化群众、淳化民风中的重要作用。挖掘农耕文化内涵，探索农耕文化传承方式，具有重要的现实意义。

一、农耕文化的内涵

在漫长的农业耕作实践中，先人们创造了灿烂辉煌的农耕文化，并代代积累传承。农耕文化内涵丰富，学术界对农耕文化内涵的界定尚不统一，有的学者将农耕文化等同于农业文化，认为两者基本同义，是区别于游牧文化、海洋文化、工业文化，以农业生产为中心的文化总称。有的学者认为农耕文化是农业文化的一个分支，将农耕文化定义为人类在农业耕作实践活动中形成的、与农业社会有关的物质财富和精神财富的总和。还有的学者从哲学视角理解农耕文化，认为它的内涵可以用“应时、取宜、守则、和谐”八个字来概括。笔者认为，农耕文化是在以小农生产为基础的传统农业社会形成的，在农耕生产实践活动中创造、积累和传承的，与农耕以及农耕社会有关的文化总和，既包括农作物、农耕器具、生活用具、传统村落和民居等实体文化，也包括与农事、农耕有关的礼仪、民俗风情、传统习惯等精神文化，如节气夏历、祭祀礼仪、诗词谚语、民歌民谣、神话传说等。“应时、取宜、守则、和谐”是农耕文化内涵的核心。

（一）“应时”

“应时”即“不违农时”。农业生产季节性很强，受自然界的气候影响很大。人们只有顺应天时，根据自然界的四季变换规律安排农业生产，才能过上幸福愉快的生活，这一点在生产力和科学技术不甚发达的古代社会表现得尤为明显。《荀子·王制》说：“春耕、夏耘、秋收、冬藏，四者不失时，故五谷不绝，而百姓有余食也。”陈旉在《农书》中指出：“万物因时受气，因气发生，时至气至，生理因之。”强调农业生产需要“盗天地之时利”，也就是人的农事活动需要遵循并利用自然规律，才能“制之有常产”。“不违农时”成为几千年来农民从事农事活动的基本准则。根据农时安排，人们创造了大量与之相关的岁时节令文化，比如二十四节气。

（二）“取宜”

“取宜”即根据不同的土地状况、不同的物候条件、不同的时间节点从事农业生产。我国从原始社会开始，就有了“取宜”的思想，农耕文化中的“相地之宜”和“相其阴阳”理念就是“取宜”的实践经验总结，在指导人们认识自然和从事农业生产中发挥了重大作用。早在新石器时期农业诞生以来，中华先民就已经学习掌握了因地制宜，黄河流域的旱作农业、长江流域的稻作农业以及北方的草原农业都是取宜的结果。《周礼·地宜》中说：“以土宜之法，辨十有二土之名物，以相民宅而知其利害，以阜人民，以蕃鸟兽，以毓草木，以任土事。辨十有二壤之物而知其种，以教稼穑树艺。”就是要人们依照土宜原则发展农林牧业生产，因土种植。

（三）“守则”

“守则”即恪守准则、规范。我们的祖先在与大自然的长期互动中形成了用以协调人与自然关系的准则，并逐渐渗透到社会生活的方方面面。农耕文化蕴含的“以农为本、以德为荣、以礼为重”等优秀文化品格，都体现了守则的内容。费孝通在《乡土中国》中提出，中国乡土社会的秩序是“差序格局”，是“一根根私人联系所构成的网络”。在传统乡村这种熟人社会里，礼是社会公认合式的行为规范，“睦邻友好”“守望相助”是社会成员的共同意识，并逐渐形成乡土社会的“礼治秩序”。

（四）“和谐”

“和谐”即天、地、人的和谐。我们的祖先在长期的农业生产实践中认识到，人和自然不是对抗的关系，而是和谐共生的关系，并由此孕育了“天人合一”的思想，讲求天、地、人的和谐共生，强调人在利用自然物质时应该遵循自然规律、顺应自然法则。老子在《道德经》中所说的“人法地，地法天，天法道，道法自然”，在一定程度上也反映了农耕文化中遵天时、守地利、至人和的自然观。《周易》中认为，人应当“与天地合其德，与日月合其明，与四时合其序，与鬼神合其吉凶。先天而天弗违，后天而奉天时”，强调了人与自然的“和”。和谐理念塑造了中华民族的价值趋向和行为规范，支撑着农业走上可持续发展道路。

二、农耕文化的演进特征

中华民族有着悠久的农耕历史，在新石器时代人们就开始从事农业生产，到公元前 2000 多年的夏朝，我国黄河流域由原始农业向传统农业过渡，逐步形成了精耕细作的传统，伴随着传统农业的发展，农耕文化也在不断演进，并呈现出鲜明的时代发展特征。

（一）顺应天时形成了科学的节气体系

经过几千年的劳动实践，先民们掌握了温度、水分和光照等“天时”条件，通过对天象和自然环境的长期观测注意到了“草木枯荣”“候鸟迁徙”“风云雷动”等现象，摸索出自然界的四季变换等规律。“顺应天时”成为中国劳动人民从事农事活动的基本准则。早在东周时期，先民们就有了日南至、日北至的概念。随后人们根据月初、月中的日月运行位置和天气及动植物生长等自然现象，形成了系统的二十四节气知识体系。时至今日，“二十四节气”凝聚着中国古代人民智慧的结晶，已经成为指导农业生产实践的重要工具，并深刻影响着中国人的思想和行动。智慧的劳动人民将有关节气的内容进行总结、提炼，编排成许多对仗工整、意向鲜明、生动活泼的民谚，便于记忆和安排农事，比如立春晴一日，耕田不费力；立春打了霜，当春会烂秧；雨打雨水节，二月落不歇；雨打清明前，洼地好种田；清明高粱接种谷，谷雨棉花再种薯等。中国的二十四节气已经被联合国教科文组织列入人类非物质文化遗产名录，每一位中华儿女都是二十四节气的传承人。

（二）迎合生产演化出传统的节庆习俗

在农耕文化的发展演进中，传统农事习俗逐渐演化为固定的农业礼仪和节日，成为中华民族传统文化的重要组成部分。“迎春”是民间的一项重要活动，并逐渐形成了“班春劝农”“石阡说春”“九华立春祭”“打春牛”“春倌说春”等民俗文化。甘肃省西和、礼县一带，至今还有“春倌说春”的习俗，一到春节，春倌们便游乡串户，用说唱的形式告诉人们要不违农时；江苏省盐城阜宁县“打春牛”的习俗也流传下来，人们用彩鞭鞭打春牛，提醒人们春耕即将开始，莫误农时，寓意来年五谷丰登、国泰民安。中国人把“龙”看成能行云布雨、消灾降福的神奇之物，在节庆、贺喜、祝福、驱邪、祭神、庙会等期间，都有舞“龙”的习俗，有高跷龙、舞龙头、舞麻龙、舞草龙等多种形式，成为中华民族重要的传统民俗文化活动。浙江青田是稻田养鱼的故乡，当地农民以瓯江鱼类和青田田鱼为原型，与青田民间艺术结合形成“鱼灯舞”这一独特的艺术表演形式，每逢重要节日和庆祝活动，都有鱼灯舞表演。

（三）因地制宜创造了适应的技术手段

地利是有利于作物生长的地理条件。我国先民在劳动过程中，顺应地利，改造环境，因地制宜创造了大量的种质资源培育、生物资源利用、水土资源管理、农业景观保持等方面的知识和适应性技术。例如，我国南方丘陵山区的农民基于种稻和保持水土的需要，西汉时即开始将山麓及沟谷中较低缓的坡地修成水平梯田。云南哈尼族先民经过艰辛的梯田农耕生产生活历练，积累了大量丰富的关于自然山水、动植物、生产生活的技能和经验，形成了《哈尼族四季生产调》，并将这些经验总结提炼为通俗易懂的歌谣，在师徒、母女和父子中通过口传心授、言传身教的方式传授，成为这个民族独特的文化现象。长江下游地区地势低洼，湖荡纵横，历来饱受洪涝侵害，当地农民在沼泽高地垒土成垛，渐而形成一块块垛田，通过这种土地利用方式发展出独特的垛田文化。在北方黄河流域干旱条件下，先民们发明了抗旱耕作法——甽田法，土壤干燥时将种子种在沟中，便于抗旱，土壤潮湿时，将种子种在垄上，便于防涝。农民在实践中总结了多种农副产品加工技术，包括肉蛋制品、蔬菜加工品、水产加工品、茶、酒、调味品和发酵制品、其他农副产品等。农民适应各地地理、地质、气候条件，创造、发明和改良形成了各种农具，既有以曲辕犁、龙骨车、耙、耖为代表的适合水田稻作的工具，也有耧车、耙耱等适合旱作的工具；有稻床、连枷等收获农具，也有以磨、碓为代表的加工农具；有适应滨海地域风力资源丰富等自然条件的风车机械，也有与水网密集相适应的筒车灌溉工具；有与淡水养殖、捕捞、水上运输等生产相适应的渔船、渔网等渔业生产，工具，也有适合陆地运输的板车等。农耕文化以实物文化、精神文化的方式将这些技术手段延续下来。

(四)安心生产构筑了稳定的传统村落

稳定农耕是农民安心生产的重要标志，也是村落形成的基础，村落成为农耕文化传承的重要载体，带动人们一起生产和生活，形成了具有地方特色的传统习俗、生活方式、行为规范和价值观念，以及诸如尊老爱幼、邻里互助、诚实守信等一系列优秀的品质。在农耕文化的演进过程中，许多农耕文化遗产依托传统村落留存下来。例如，浙江永嘉县古村落，至今仍遗存着新石器时代的文化遗址以及宋、明、清历代的古桥、古塔、古牌坊、古牌楼和古战场，且大多以“天人合一”“八卦”以及阴阳五行风水思想构建，遗留着大批完整的宗谱、族谱等历史文化遗产。在不同宗族聚合的村落，乡贤治理成为促进农村社会和谐稳定的重要力量。乡贤所拥有的知识、信仰、道德标准和习俗习惯等逐渐衍生出见贤思齐、崇德向善、诚信友爱的乡贤文化，并成为教化乡里、引领乡风良俗的精神支撑。

三、传承农耕文化的现实意义

农耕文化是中华文化的根基，在朴素的哲学思想指导下，中华农耕文化长久不息，其蕴含着丰富的思想观念、人文精神和道德规范，不仅可以提升乡村发展品质和农民生活质量，而且在培育文明乡风、良好家风、淳朴民风，促进基层社会治理、维护农村社会稳定、凝聚乡村精气神等方面起着不可替代的作用。传承农耕文化，既是发展现代农业的迫切需要，也是丰富人们精神家园的现实需求。

（一）传承农耕文化有利于农业生产经营，保障粮食安全

人多地少、耕地稀缺是我国的基本国情，要保障粮食安全，需要秉承精耕细作的耕作制度，加强土地的集约化利用。我们的先人早在夏朝就萌发了精耕细作的理念，并逐渐形成了精耕细作的农业生产技术体系。《氾胜之书》中记载："凡耕之本，在于趣时，和土，务粪泽，早锄，早获。"十几个字就将精耕细作的农业生产模式较为完整地表述出来。原始农业后期，我国就出现了以"田莱制""易田制"为代表的轮荒耕作模式。新疆坎儿井，作为古代劳动人民改造自然、利用自然、开发利用地下潜水的一种独特的地下水利灌溉系统，深刻诠释了农耕文化的"取宜"内涵，时至今日仍然发挥着积极作用，浇灌着新疆吐鲁番、哈密等地的大片绿洲良田。传承农耕文化，首先就要传承精耕细作等农业生产发展理念，促进农业生产的集约化经营，保障粮食等主要农产品的有效供给。

（二）传承农耕文化有利于发展循环农业，改善生态环境

农耕文化强调天地人的和谐共生，我们祖先创造的"杂五种，以备灾害"的作物轮作、间作、套种、复种等种植方式，桑基鱼塘、稻鱼共生、水域立体养殖、病虫害生物防治等农业生产技术，无不体现了生态循环、环境友好、资源保护的理念。在这些理念的推动下，农业绿色发展得到越来越多的关注，取得了越来越明显的成效。比如稻田养殖，从传统单一的稻田养鱼模式逐渐向多元化的现代稻渔综合种养系统转变，病虫草害显著降低，土地生产力明显提升。化肥农药、畜禽粪污以及秸秆利用率显著提高，农业面源污染排放得到有效控制。2019年，我国三大粮食作物化肥、农药利用率分别为39.2%、40.6%，较2017年分别提高1.4和1.8个百分点，畜禽粪污综合利用率达74%，秸秆综合利用率超过

85%，主要农产品例行监测合格率达97.4%。实践证明，传承历代保护资源环境的优秀文化，对于当今解决地力衰竭、农业面源污染等问题，具有重要的借鉴意义，同时有利于增强人们自觉保护资源环境的意识。

（三）传承农耕文化有利于拓展农业多功能，培育发展新动能

在我国新旧发展动能转换的关键时期，传承农耕文化，有利于推进农业与文化、旅游等产业的融合发展，发掘农耕文化旅游等新型业态，拓展农业功能，培育农业农村发展新动能。近年来，我国休闲农业与乡村旅游产业规模不断扩大、发展模式逐步丰富，已经成为农村经济新的增长点，成为促进农民增收、农业增效、乡村增绿、市民增乐的重要途径。古朴的乡村农耕情调，是农耕文化的载体，其韵味独特、风光怡人，独具田园情调，是发展休闲农业与乡村旅游的重要基础。甘肃陇南文县以“发展旅游产业，促进脱贫减贫”为思路，依托丰富的自然资源、人文景观和民俗风情，大力发展乡村旅游富民工程，形成了以白马河景区、碧口古镇景区、天池景区为核心，以各乡村旅游扶贫村为节点的旅游空间布局。位于浙江西北部的安吉县，充分挖掘农耕文化资源，以古代农村生产、生活、娱乐、习俗、宗教等为背景，建设开发金门农耕文化体验园，大力发展休闲农业与乡村旅游，实现了产业发展与生态、文化建设的有机结合，拓展了农业的多种功能，促进了资源的高效利用，推动了城乡互动。

（四）传承农耕文化有利于提高民族凝聚力，增强国际认同感

我国每个民族根据所处自然条件和拥有资源的特点，因地制宜地从事农业生产，并由此创造了自己的农耕文化，如哈尼族的梯田文化、壮族霜降节、苗族赶秋等。这些农耕文化具有鲜明的民族特色和风格，是维系民族生存和发展的精神纽带。传承农耕文化，就要传承这些民族特色文化，增强民族凝聚力，提高世界其他民族对中华民族传统文化的认知程度。已经有一些少数民族通过建立特色明显的文化农业，成为传承农耕文化中一道亮丽的风景线，例如云南元阳利用哈尼梯田资源，每两年举办一次“中国红河元阳哈尼梯田文化旅游节”，向海内外游客展示当地悠久的梯田文化，不断扩大国际影响力。甘肃省文县利用白马藏族民俗文化特色，连年在铁楼藏族乡白马山寨举办陇南文县白马人民俗文化旅游节，利用节会效应，展示白马人“池歌昼”“火拳舞”等特色民俗文化，带动

周边旅游发展。福建宁德以农民丰收节为契机，组织开展畲族生产性非遗展示、农民画家畲族风情油画展、畲族服装展、少数民族群众对歌和民俗表演等一系列丰富多彩的庆丰收活动，展示了少数民族优秀传统文化保护传承发展的成果，吸引了众多海内外游客。

（五）传承农耕文化有利于丰富人们的精神文化生活，培育文明乡风

根据马斯洛需求层次理论，人有多种需求，人的需求会从低级逐步向高级发展，在满足了空气、水、食物、住所等生理需求后是安全需求，接着是社交需求，然后是尊重需求，最后是自我实现需求。我国学者尹世杰将人类需求横向划分为物质需要和精神文化需要。随着时代的发展和现代文明的进步，人们在追求物质生活层面的幸福之外，对精神层面的追求越来越高。特别是在城市快节奏的生活压力下，城里人对自然淳朴的乡土文化、淡泊宁静的乡村生活越来越向往。传承农耕文化，有利于人们更多地感知、体验乡村的风土人情，丰富精神文化生活。在浙江临安有句俗语："白露到，竹竿摇，满地金，扁担挑。"每年农历白露时节，山民们祭祀天地山神祖宗之后扛着竹竿挑着箩筐，上山开竿采收山核桃。临安山核桃文化节把开竿祭祀的传统仪式搬上了节庆舞台，向当代人展示了传统农俗的神圣庄重，拉近了传统乡土文化与当代人的距离，加强了当地人的文化认同感。同时，传统农耕文化蕴含父慈子孝、兄友弟恭、尊老爱幼、重义轻利等思想，以及勤劳、淳朴、勤俭的生活理念。传承农耕文化，有利于这些优秀的传统道德准则重新回到人们的生活中，培育文明乡风、良好家风、淳朴民风，推动乡村文化振兴，建设邻里守望、诚信重礼、勤俭节约的文明乡村。

四、传承农耕文化的主要方式

我国是一个历史悠久的文明古国，农耕文化是中华文化、美丽乡村的根与魂。要留住我们的根与魂，就要多方式、多渠道地传承农耕文化。中共中央办公厅、国务院办公厅印发的《关于实施中华优秀传统文化传承发展工程的意见》提出，大力发展文化旅游，充分利用历史文化资源优势，规划设计推出一批专题研学旅游线路，引导游客在文化旅游中感知中华文化。中共中央办公厅、国务院办公厅印发《关于加强和改进乡村治理的指导意见》，强调传承发展提升农村优秀传统文化，加强传统村落保护。

（一）挖掘整理农耕文化

充分挖掘农耕文化，开展农业生产生活民风民俗的调查搜集工作，对节气夏历、祭祀礼仪、诗词谚语、民歌民谣、神话传说等与农事、农耕有关的各类礼仪、民俗风情、传统习惯进行溯源与整理，通过出版典籍、竖碑刻字等方式将农耕文化传承下去，留住“乡愁”记忆。例如，陕西省西乡县五丰社区，通过采访熟知当地风俗习惯和人文历史的老人，对五丰农耕历史、风俗、传说典故等进行系统挖掘，整理出《话五丰》典籍，编写了快板《夸夸咱的五丰》，为传承农耕文化留下了宝贵财富；黑龙江省辞赋家王泽生先生主动搜集整理呼兰河谚语，编写了《呼兰河民谚小词典》，为传承寒地黑土农耕文化贡献了一己之力；甘肃省文县组织专家学者整理出版了6册白马文化研究系列丛书，编辑出版了《文县白马人》《文县白马藏族考》《白马人民俗文化图录》等白马民俗文化非遗成果专著，收集翻译白马语言文字8000余字，拍摄白马服饰工艺8种、白马舞蹈12支，记录白马传说故事10段，围绕白马民俗文化、琵琶弹唱、玉垒花灯戏、洋汤号子等文化品牌，组建各种民俗文化表演队30余支，用原汁原味的表演，演绎优秀文化遗产。

（二）场所展示农耕文化

建设农耕文化博物馆、展览馆、展览室等文化展示场所，既可以保护散落在民间的传统农耕文物，也可以传承农耕文化精髓。通过展示传统农耕用具，还原农耕生活场景，述说风土人情，增加对农耕文化的直观认识。目前，国内已有一些地区建成此类设施。其中既有公立博物馆、展览馆，如内蒙古自治区鄂尔多斯广稷农耕博物馆、黑龙江省拜泉生态文化博物馆、吉林省梨树东北农耕文化博物馆、河南省许昌中原农耕文化博物馆、湖南省耒阳农耕文化博物馆、江西省南康客家农耕文化博物馆、安徽省石台皖南民俗博物馆、甘肃省庆阳周祖农耕文化展览馆等，也有民营博物馆、展览馆，诸如河南省开封黄河农耕文化博物馆、湖北省孝感农耕民俗文化博物馆、安徽省蚌埠金色农家民俗博物馆、河北省清河农耕文化展览馆等，还有大量在建和待建的博物馆和展览馆。建立农耕文化展示场所不是最终目的，要以这些博物馆、展览馆为依托开展宣传教育，尤其是加强对青少年的教育，促进农耕文化的代际传承。比如，甘肃省嘉峪关城市博物馆举办了“传承中华文化——二十四节气知多少”的主题社教活动，组织当地青少年学习“二十四节气”相关知识，并制作“二十四节气”刺绣，促进了“二十四节气”文化的传承。

(三)参与体验农耕文化

让心底藏有乡愁、渴望亲近泥土的城市人群体验田园生活、参与农事活动、品尝劳动滋味，通过参与体验，感受乡村生产生活方式，了解背后的历史故事、风俗习惯，享受农耕文化对精神的熏陶。农耕文化作为中华文化的重要组成部分，开发农耕文化旅游资源，也是一种传承方式。吉林省梨树县蔡家村依托浓厚的历史文化底蕴和区位优势，重视农耕文化传承，以农耕文化为魂，全力打造关东农耕文化乡村，借此发展乡村旅游。江苏省苏州江南农耕文化园，按照“缩小比例的江南水乡，功能丰富的休闲农庄，农耕主题的文化走廊”的设想，设有农耕历史区、土地整理区、江南养殖区、农家休闲区、乡村能源区、江南作坊区、农耕谚语区、农户设施区、十二生肖区 9 个农耕文化功能区域，可以让人们切身感受到江南水乡的传统农耕文化。广东省雷州市恒山村以“稻海桑田、石狗守护”为主题，以“观稻海、闻稻香、品晚霞、瞻石狗、体农耕”为主要内容，以“雷文化”为核心，打造了集“耕、食、乐、学、居、艺”于一体的休闲农业旅游区。城里人到这里能以山水为伴、过田园生活，老年人到这里能寻找过往的记忆，中年人到这里能寻找乡愁，孩子们到这里能体验并传承农耕文化。江苏省张家港永联村把中国传统文化融入村民的活动广场中，《梦溪笔谈》《天工开物》等著作被刻在石板上，这说明，经济越发展，越需要有文化的支撑。四川省达州市通川区建设川东北首家农耕文化亲子乐园，城市的孩子可以来这里亲近大自然，体验农耕文化，感受农村生活，有效促进了城乡青少年的交流互动。

(四)工艺再现农耕文化

农耕文化衍生出许多颇具特色的民间传统手工艺，如刺绣、剪纸、竹编、草编等，体现了人们劳作的智慧和奋发向上的精神。然而，工业化越发展，传统手工艺生存空间越窄，部分工艺甚至面临失传的危险。据调查，我国 86% 的传统手工艺从业者分布在农村，近七成年收入在 2 万元以下，近六成尚未找到继承人，近七成受访者对传统手工艺的学习意愿不高。保护这些传统手工艺，让它们融入“一县一业”“一乡一业”“一村一品”的创立和发展之中，实现品牌化生产，也是农耕文化的传承方式之一。陕西省蓝田县农民丰收节期间邀请了多位民间传统手工艺人现场展示马家打草鞋、蓝田传统剪纸、苦荞面饸饹手工技艺、神仙粉制作技艺、戏曲盔帽手工技艺、刺绣、编织等绝活。山西省昔阳县在农民丰收节中设置了手工艺品展示区，集中展示了太行崖柏、面塑、花灯等手工艺品。中国杭州(临安)山核桃文化节上，每年都有山核桃饰品、挂件等工艺品的工艺展示环节，游客还可以亲自动手制作，不仅了解了山核桃的加工工艺，而且增加了对山核桃文化的认知。

(五)品牌铸就农耕文化

世界农业强国大都是品牌强国。那些在全球市场风行的强势农产品品牌，比如日本的“松板牛”、法国的 AOC 葡萄酒、美国的新奇士橙、新西兰的佳沛奇异果，都彰显其本土文化的精神力量。美国加州吉尔罗伊市依托当地农产品资源，自 1979 年开始每年 7 月最后一个周末都会举办为期 3 天的“吉尔罗伊大蒜节”，截至 2019 年已成功举办 41 届。现在大蒜节成了吉尔罗伊市的城市名片，原本名不见经传的小镇因为大蒜节而为世人所知，城市影响力大大提升，“世界大蒜之都”的品牌文化享誉世界。近年来，我国大力实施品牌强农战略，把品牌建设摆在重要位置。农产品是农耕文化传承的天然载体，以区域特色农产品品牌为依托，调动一切与该品牌相关的品牌历史、风俗流传、传统技艺、特有仪式、农事习俗等相关农耕文化资源，精心组织设计品牌营销宣传，打造叫得响的农业品牌、传得开的品牌文化，既是传承农耕文化、扩大农耕文化影响力的重要方式，又是丰富品牌内核、提升品牌价值的重要渠道。比如，北京市大兴庞各庄镇根据当地 600 多年的西瓜种植历史，打造西瓜文化创意产业园，包括国内外文化产品展示、激光表演、典当拍卖、旅游观光等，以西瓜精品文化传承为媒介，以文化产业的方式，通过西瓜文化传承产品展出、非遗文化交流、网络教育培训、新闻发布、影视拍摄、制作直播、艺术交流讲述庞各庄西瓜 600 多年前从海外传到中国再传到庞各庄的故事，既丰富了庞各庄西瓜的品牌内涵，又传承延续了当地西瓜历史文化。

(六)节日活跃农耕文化

党的十八大以来，党中央高度重视“三农”工作。在脱贫攻坚的关键时期、全面建成小康社会的决胜阶段、实施乡村振兴战略的开局之年，中央决定，将每年农历秋分设立为“中国农民丰收节”，顺应新时代的新要求、新期待，不仅增加了农民群众的获得感和幸福感，还强化了他们的责任感和使命感，真正汇聚起了脱贫攻坚、全面建成小康社会、实施乡村振兴战略、加快推进农业农村现代化的磅礴力量。“中国农民丰收节”的设立，不仅具有当代意义，其文化传承意味更加浓厚。全国人民都可以节为媒，释放情感、传承文化、寻找归属，汇聚人民对那座山、那片水、那块田的情感寄托，从而享受农耕文化的精神熏陶。穰穰满家，丰收后的农民分外欣喜。这样的喜悦需要全国人民共同分享，把幸福通过节日传遍千家万户。通过“中国农民丰收节”，组织亿万农民庆丰收、成果展示晒丰收、社会各界话丰收、全民参与享丰收、电商促销促丰收，将各具特色的活动聚集在庆祝期间。目前，已经举办了 3 届，成为中国乡村的文化符号。农业农村部牵头组成中国农民丰收节组织指导委员会，进行顶层设计，在全国层面会举办一些活动，但更多的是在地方，各个地方都有自己的农事特色，无论是农耕生产方式还是农产品品类，都有自己的特点，各地要形成一批民俗活动、观花赏景、采摘体验、农业嘉年华等知名品牌。

第三节　重要农业文化遗产保护传承的路径

2002 年，联合国粮农组织(FAO)提出了“全球重要农业文化遗产(Globally Important Agricultural Heritage Systems，简称 GIAHS)”保护倡议，旨在保护传统农业系统的景观、在地知识和文化以及生物多样性，以推动农业可持续发展。中国农耕历史源远流长，劳动人民创造了璨若星辰的农业文化遗产并延续至今。中国政府积极响应粮农组织关于 GIAHS 的保护倡议，率先在全国范围开展农业文化遗产挖掘，在保护与发展方面不断探索实践，提供中国智慧和中国方案，成为 GIAHS 保护的推动者、贡献者和引领者。

一、重要农业文化遗产的内涵与特征

联合国粮农组织对全球重要农业文化遗产的定义是“农村与其所处环境长期协同进化和动态适应下所形成的独特的土地利用系统和农业景观，这种系统与景观具有丰富的生物多样性，而且可以满足当地社会经济与文化发展的需要，有利于促进区域可持续发展”。GIAHS 的认定标准至少满足五个要件：①可以为当地

居民提供食物需求与生计安全;②具有生物多样性及重要生态服务功能;③蕴含丰富的本土农耕知识和技术;④拥有文化多样性,在文化、信仰、社会组织等方面具有重要传承价值;⑤具有特色的农业景观和水土资源管理方式。

中国重要农业文化遗产是指人类与其所处环境长期协同发展中,创造并传承至今的独特的农业生产系统,这些系统具有丰富的农业生物多样性、传统知识与技术体系以及独特的生态与文化景观等,对我国农业文化传承、农业可持续发展和农业功能拓展具有重要的科学价值和实践意义。重要农业文化遗产具体体现出以下六个特征:

(一)活态性

这些系统历史悠久,至今仍然具有较强的生产与生态功能,是农民生计保障和乡村和谐发展的重要基石。

(二)适应性

这些系统随着自然条件变化、社会经济发展与技术进步,为了满足人类不断增长的生存与发展需要,在系统稳定基础上因地、因时地进行结构与功能的调整,充分体现出人与自然和谐发展的生存智慧。

(三)复合性

这些系统不仅包括一般意义上的传统农业知识和技术,还包括那些历史悠久、结构合理的传统农业景观,以及独特的农业生物资源与丰富的生物多样性。

(四)战略性

这些系统对于应对经济全球化和全球气候变化,保护生物多样性、生态安全、粮食安全,解决贫困等重大问题以及促进农业可持续发展和农村生态文明建设具有重要的战略意义。

(五)多功能性

这些系统兼具食品保障、原料供给、就业增收、生态保护、观光休闲、文化传承、科学研究等多种功能。

（六）濒危性

政策与技术原因和社会经济发展的阶段性造成这些系统的变化具有不可逆性，会产生农业生物多样性减少、传统农业技术知识丧失以及农业生态环境退化等方面的风险。

二、重要农业文化遗产保护的现实意义

农业文化遗产蕴含宝贵的传统农业生产技艺和管理知识，丰富的生物多样性、文化多样性和景观多样性。从农业、农村和农民视角，保护和发展农业文化遗产具有重要的现实意义。

（一）有利于传承农耕文明，拓展农业功能

中国传统农业蕴含着资源保护与循环利用、生物间相生相克、人与自然和谐相处的朴素生态观和价值观，传统农业积累的生产技艺和管理知识在现代农业发展中依然具有应用价值。浙江省青田稻田养鱼至今已有1200多年的历史，稻田养鱼产业依然是青田县农业的主导产业，稻鱼共生模式生态高效，鱼为水稻除草、除虫、耘田松土，水稻为鱼提供小气候、鱼饲料，减少化肥、农药、饲料的投入，鱼和水稻形成和谐共生系统。悠久的田鱼养殖史孕育了灿烂的田鱼文化，青田田鱼与青田民间艺术相结合，派生出了一种独特的民间舞蹈——青田鱼灯舞。

农业不仅具有粮棉油、肉蛋奶等产品生产功能，还具有重要的生态功能和生活功能，如生物多样性保护、水土保持、气候调节、休闲旅游、景观游憩、科学研究、文化传承等。随着工业化和城市化的发展，农业的生态和生活功能的重要性愈加凸显。兴化垛田传统农业系统不仅为人们提供油菜等优质产品，兴化人民还利用垛田独特的自然地貌发展休闲观光农业，让居住在城镇的居民体验乡土文化。“河有万湾多碧水，田无一处不黄花”，这一中国油菜花成为享誉全国的新兴旅游亮点。

（二）有利于保护农村生态，建设美丽乡村

地处黄土高原腹地的陕西省佳县，干旱少雨，生态脆弱。枣树不仅是当地农民的重要生计来源，而且在生态保护方面也发挥了重要作用。枣树具有增加

空气湿度，保持水土和养分等生态功能。在黄河沿岸的坡地上，其生物多样性保护、水土保持、水源涵养和防风固沙等方面的生态功能显得尤为重要。

中国美，农村必须美。云南省红河哈尼梯田已有1300多年的耕种历史，森林在上、村寨居中、梯田在下，水系贯穿其中。依山造田，最高垂直跨度1500米，最大坡度75度，最大田块2828平方米，最小田块仅1平方米，有“人间仙境，世界奇观”之称，法国制片商曾称哈尼梯田为“世界一流的田园风光”。建设美丽乡村，不仅要村容整洁，更重要的是保护农村景观，不让农村成为记忆中的故园。

（三）有利于改善农民生计，实现收入倍增

2013年，我国农民人均收入实现改革开放以来的首次“十连增”，然而城乡居民收入比连续4年下降，由2009年的3.33∶1到2013年的3.03∶1，缩小城乡居民收入差距的目标压力越来越大。农业文化遗产保护强调“多方参与，惠益共享”的原则，特别是让农民分享农业文化遗产保护与发展的成果。根据多个遗产地的探索实践，适度发展旅游是进行农业文化遗产保护的有效途径，遗产地旅游是一种全球化的趋势，它将相关利益者联系起来，对促进当地社会经济发展起到重要的作用。浙江省青田县龙现村被贴上“全球重要农业文化遗产”的标签后，成为世界有名的小山村，龙现村独特的山水文化、田鱼文化、民俗文化、华侨文化吸引了来自世界各地的游客，带动了当地以“农家乐”为主题的生态旅游发展，旅游业收入成为当地居民收入的重要来源。

三、重要农业文化遗产保护进展

从试点探索到系统挖掘，中国在遗产申报、制度设计、保护措施、科学研究、国际交流等方面做了大量工作，取得了重要进展。

（一）农业文化遗产保护的国家行动

中国政府对农业文化遗产保护给予高度关注，2015年发布的三份重要政策文件中都提及农业文化遗产。《关于加快转变农业发展方式的意见》提出“加强重要农业文化遗产发掘和保护”。《深化农村改革综合性实施方案》指出“加强农村地区的文化遗产保护”。《关于推进农村一二三产业融合发展的指导意见》强调“合理开发农业文化遗产”。2016—2018年和2020年“中央一号文件”都有

关于农业文化遗产保护的内容。从浙江省青田稻鱼共生系统成为首批全球重要农业文化遗产保护试点以来，中国不断在实践中总结经验，为全球提供中国智慧和中国方案。

1. 启动了全国范围的农业文化遗产发掘工作

自 2012 年启动中国重要农业文化遗产申报工作以来，截至 2020 年 1 月，农业农村部已分五批发布了 118 个中国重要农业文化遗产，并积极向 FAO 推荐和申报 GIAHS。组织开展了全国农业文化遗产普查工作，经过地方推荐、专家论证，共发掘有潜在保护价值的农业生产系统 408 项，并牵动了农业文化遗产监测评估工作，出台了全球重要农业文化遗产预备名单。

2. 探索了农业文化遗产保护与管理机制

成立了全球/中国重要农业文化遗产专家委员会，确立了“在发掘中保护，在利用中传承”的指导思想，提出了“动态保护、协调发展、多方参与、利益共享”的保护原则。2015 年，我国发布并实施了《重要农业文化遗产管理办法》，成为第一个出台规范性管理办法的国家。农业文化遗产保护的政策激励机制、产业促进机制、多方参与机制逐步形成。

3. 进行了农业文化遗产的多领域研究

国内多家科研院所和大专院校对农业文化遗产的生态服务功能、历史起源与变迁、农户福祉与减贫效应、保护机制与政策支撑等方面开展了大量研究，初步形成了一支跨学科的研究队伍，发表和出版了一系列科学论文及著作。当前中国在农业文化遗产研究领域的科研论文和著作数量居世界第一。在遗产地也培训出一批致力于农业文化遗产管理、保护和发展的基层队伍，涌现出许多利用遗产资源带动农民脱贫奔小康的典型。

4. 开展了科普教育和宣传推介工作

在首届农民艺术节、中国农产品国际交流会、中国农耕文化展等进行了农业文化遗产的宣传展示，开展了重要农业文化遗产主题展，组织了中国重要农业文化遗产地农民丰收节庆祝活动，拍摄了《农业遗产的启示》等系列专题片，出版了《中国重要农业文化遗产系列读本》等图书，发布了中国重要农业文化遗产系列科普微动漫。中央及地方多家媒体多次刊发专题、专访和系列报道，社会各界增强了对农业文化遗产的认知度和关注度。

5. 推动了国际合作与交流

中国在资金、人才等方面支持 FAO 开展 GIAHS 保护与推广工作，推动

GIAHS保护纳入粮农组织常规预算。积极向世界分享中国经验,先后承办全球重要农业文化遗产国际论坛、高级别培训班等,邀请全球50多个国家的官员来华学习交流。中国科学家在全球重要农业文化遗产保护与推动工作中做出了突出贡献。加强了全球重要农业文化遗产的国际交流,如福州市与世界葡萄酒产区法国勃艮第、兴化市与墨西哥市签订了《农业文化遗产合作交流备忘录》。

(二)农业文化遗产保护的地方实践

在地方层面,各地对申报、保护与利用工作高度重视,积极推动保护措施落地,有效促进了区域发展和遗产地农民生活水平的提高,成为农业农村发展的新动能。从地方实践来看可以概括为三个方面:

1.遗产保护与管理的机制和制度逐步建立

农业文化遗产保护和管理涉及农业农村、自然资源、国土建设、文化旅游等多部门,理顺部门间的职责边界,建立一个有效的管理体制是开展相关工作的重要保障。云南省红河州成立了世界遗产管理局,在元阳、红河、绿春和金平四县成立了梯田管委会或管理局,配备专职人员,拨付专项经费,颁布了《红河哈尼梯田保护管理办法》《云南省红河哈尼族彝族自治州哈尼梯田保护管理条例》及实施办法。内蒙古自治区敖汉旗制定了《敖汉旗全球重要农业文化遗产标识使用与管理办法》。河北省宣化区出台了《宣化传统葡萄保护管理规定》。

2.传统资源在现代农业中的作用逐步发挥

丰富的生物多样性,尤其是大量宝贵的农业遗产资源是遗产地的巨大财富,合理开发和有效利用传统资源是实现遗产可持续发展的重要途径。贵州省从江侗乡稻鱼鸭复合系统于2011年被列入GIAHS,从江香禾糯米等传统品种的品牌价值显著提升,提高了农民梯田耕种的积极性。内蒙古自治区敖汉旗建立传统杂粮品种保护基地,累计收集农家品种218个,并开展试验示范,依托传统小米品种资源优势,实施名牌战略,敖汉小米被批准为国家地理标志保护产品、国家优质米,敖汉小米行销全国700余个县,有效带动了农民增收、农业增效。

3.农业文化遗产的多功能价值逐步显现

农业文化遗产具有显著的生产功能、生态功能、社会功能和文化功能等多重功能价值,为推进一二三产业融合发展奠定了良好基础。浙江省青田稻鱼共生系统是中国首个 GIAHS 项目，青田县大力实施“百千万工程”，即每亩百斤鱼、千斤稻、万元收入，一批返乡创业者积极发展种稻养鱼，带动老百姓发展田鱼干加工、渔家乐等，涌现出一批致富示范家庭。云南省红河州当地围绕梯田做产业，在建设 8 万亩红米生产基地，打造“梯田谷雨”等品牌的基础上，大力发展梯田旅游，仅元阳县普高老寨一个村子就聚集着几十家客栈，每家客栈年纯收入为十万元以上。

四、重要农业文化遗产保护的困境与问题

中国农业文化遗产保护取得了一定成绩，然而，农业文化遗产巨大的生态、文化、社会和经济价值远没有得到充分挖掘，与自然遗产、文化遗产等遗产相比，农业文化遗产的保护难度更大，与动态保护、适应性管理的要求相比，农业文化遗产的保护水平和管理能力还远远不足。

（一）在内涵理解和保护理念上还存在偏差

有些人将农业文化遗产当成过时的东西，有的将其理解为文化范畴的概念。例如，通过对哈尼梯田地区农户和管理部门的访谈调查，超过四成的受访者不知晓农业文化遗产的含义及其保护要求。实践中，有些地方过分强调“原汁原味”，忽视了农民提高生活水平的迫切愿望，更多的地方重发展轻保护，只顾“拿牌子”，忘记“给票子”，基础设施等各项投入不足。在各项配套缺乏的情况下，大量游客的进入，可能对遗产地造成生态环境破坏，比如梯田旱化、旅游垃圾等问题。农业文化遗产是一个系统，需要在识别核心保护要素的基础上进行整体保护，个别地方对遗产保护的对象不明确，保护与发展规划流于形式。

（二）在政策支持力度上还远远不够

已认定的重要农业文化遗产覆盖 40 多个刚刚脱贫的国家级贫困县，这些地区基础设施薄弱、人才匮乏，遗产保护的难度很大。农业文化遗产的影响力和扶持力度还远远没有达到自然遗产、文化遗产、非物质文化遗产甚至传统村落的水平，例如，中国传统村落已被纳入中央财政支持范围，每个入选的村庄可获得中央财政 300 万元的扶持资金，而农业文化遗产还没有中央专项保护资金，这影响了各地对农业文化遗产申报的积极性，地方在农业文化遗产保护的

资金投入上也远远不足。从国际经验来看，日本政府于2015年将GIAHS写进下一个五年规划的国家农业政策，出台补贴或激励措施，如日本佐渡市针对农户采用有益生物多样性培育的传统农耕方式和生态恢复措施给予经济补偿，石川县设立1亿美元的里山促进基金。韩国列支预算专门用于农业遗产保护，从2013年起分别向每个农业、渔业文化遗产地提供为期3年共计150万美元和70万美元的支持，其中70%来自中央财政，30%来自地方政府。

（三）在保护与管理的体制机制上还不健全

基层农业文化遗产管理机构缺失，多数遗产地还没有出台保护管理实施细则。产业促进机制不健全，遗产地特色产业规模化、品牌化发展水平不一，有的已形成区域性名牌产品，如福建省安溪铁观音、河北省宣化葡萄等，但是更多产品影响力不足。遗产地农产品加工业、生物资源产业、文化创意产业发展不足，休闲农业和乡村旅游发展层次较低，农业产业链和价值链没有得到充分延伸。多方参与和利益联结机制不完善，农业文化遗产本质上是一个生产系统，农民是农业文化遗产的直接经营者，也是保护主体，然而农民从遗产保护与利用中获得和分享的收益还很有限，进而影响他们参与保护的积极性。

（四）在科学研究和管理人才上还缺乏强力支撑

农业文化遗产是一个复合系统，在科学研究上必然需要多学科的介入。当前在农业文化遗产研究上缺少国家重大项目和各级研究基金支持，前瞻性、综合性、交叉性的研究还不多，如农业文化遗产地的生物多样性维持机制、景观稳定机制、保护与开发的科技支撑体系、发展促进机制等重大科学问题还需开展大量的研究工作。缺乏熟悉农业文化遗产保护与管理要求以及投身遗产保护性开发的复合型管理人才和科技人才。

（五）在国际上还存在激烈竞争

全球重要农业文化遗产的保护理念已得到国际社会的普遍共识和高度关注，例如，日本、韩国等国积极向粮农组织进行资金援助，支持本国人员在粮农组织任职，承办相关国际活动，争取在规则制定、遗产申报等方面有更多的话语权。中国农耕文明源远流长，目前在全球重要农业文化遗产保护和管理中处于世界领先地位，我国应该在此领域发挥更大的作用。

五、推进重要农业文化遗产保护的对策建议

促进农业文化遗产的科学发展与合理利用，需要将动态保护与适应性管理相结合，政府引导与市场机制相结合，农民主体与多方参与相结合，多管齐下，多部门合作，深入推进农业文化遗产可持续发展。

（一）增强动态保护与科学利用的意识和观念

持续开展农业文化遗产的宣传工作，既要消除"只能保护，不能发展"的后顾之忧，又要纠正"以开发之名行破坏之实"的功利主义。继续在中国农民丰收节、各类农博会等节日和展会中开展农业文化遗产宣传和展示，深入推进农业文化遗产进校园、入社区，将农业文化遗产作为传承和弘扬中华优秀传统文化的教育基地和展示窗口。

（二）加强政策创设和资金支持力度

将已认定的中国重要农业文化遗产保护纳入中央财政预算给予稳定扶持，加大遗产地基础设施建设、生态和生物多样性保护、传统知识和文化传承等工作。探索农业文化遗产地生态与文化补偿机制，整合涉及生态保护、产业融合、扶贫开发、全域旅游、民族文化保护等方面的资金和项目。在基础设施、产业开发、品牌建设等方面吸引更多的社会资本投资遗产保护与发展。遗产地要列支保护管理经费和扶持资金，给予开展农业文化遗产保护和利用的单位和个人一定奖励。

（三）完善科学管理与合理利用机制

健全基层农业文化遗产保护与管理机构，确保有稳定的管理人员，并保障工作经费，指导遗产地制定相关的管理条例和实施办法，开展农业文化遗产监测与评估。把更多的就业和创业机会留给当地居民，鼓励遗产地利用农业文化遗产资源开展增收，支持返乡农民工、"新农人"等在农业文化遗产地开展创业活动，在金融、保险、用地、技术等方面给予一定的支持。发挥传统品种资源优势，培育农业品牌和产品品牌，选择一批有发展潜力的传统手工艺，进行产业化

开发,加强旅游基础设施建设,引导农业文化遗产地旅游产业有序发展。

(四)推动科学研究和人才培养工作

在国家重大研发计划等项目中设立关于农业文化遗产研究课题,加强资助力度,鼓励开展跨学科综合研究。建设农业文化遗产研究和示范基地,推动研究成果在遗产地应用,优先在中国重要农业文化遗产地建设研学基地。加强学科建设,设置农业文化遗产本科课程及研究生专业,为社会输送更多的实用人才。加强对基层管理人员的培训,提高对农业文化遗产的保护和管理能力。

(五)强化中国在全球重要农业文化遗产保护中的引领作用

继续支持粮农组织在世界范围内推动农业文化遗产保护,吸引更多的发达国家加入保护行列。支持中国科学家、管理人员在粮农组织等国际组织中发挥更大的作用。支持国内农业文化遗产地与国外遗产地开展结对子等交流活动,推动制定《全球重要农业文化遗产保护国际公约》,争取成为国际公约的发起国。

六、案例链接:海南省海口市羊山荔枝种植系统多功能性及可持续开发

海口市羊山地区地处低纬度热带北缘,属于热带海洋性季风气候,是目前我国仅存的原生荔枝林带,也是世界重要的荔枝种质资源库。羊山地区种植荔枝的历史可以追溯到2000年前,由于长期以来袭用实生繁殖方式,产生了多样化的变异,形成了世界罕见的野生荔枝母本群,与当地生态和人文环境共同构成了海南海口羊山荔枝种植系统。2017年,海南海口羊山荔枝种植系统凭借悠久的传承历史、独特的地域特征以及丰富的农耕文化体系入选中国重要农业文化遗产。

(一)海口羊山地区古荔枝群的多功能性及其作用效果

海口市羊山地区的古荔枝栽培历史悠久,是我国荔枝栽培历史最早的地区之一。“永兴荔枝”还成为海口市首个国家地理标志证明商标。该地区的荔枝耕作体系不但传承久远,还在充分利用火山遗址的地质地貌的过程中满足了现代

生产生活的多方面需求。它既深具文化底蕴，又能促进经济发展，还能带来休闲体验，在就业增收、休闲农业、生态安全、科研价值等方面的多功能特征表现明显。

1. 就业增收

(1)生产增收

由于羊山地区是火山喷发后形成的熔岩地貌，岩石裸露，缺少表层土壤，不利于种植草本类农作物，但岩缝间的土壤比较适合荔枝等主根发达的木本果树的生长，加上荔枝病虫害少，管理相对容易，经济效益较好，因此成了当地农民的首选作物。其中一些农户经营规模较大，建起果园，育种和生产兼营，取得较好效益，如海口雷虎果业有限公司总经营面积 200 亩左右，正常年份的年收入在 100 万元以上。

(2)旅游增收

羊山地区景色秀美，风光独具，可以吸引大量游客，带来旅游经济收入。例如，“走进羊山·感受秀英生态美”旅游月活动，仅半个月时间，就吸引游客 20 000 人左右，当地农民通过提供采摘、饮食服务等方式增收明显。同时，农户还可以通过与公司的合作获取收益。羊山地区的农庄主要有四种：第一种是农户自营，农户直接依靠旅游产业增收；第二种是公司买断土地，农户从中获取土地流转收益；第三种是公司租赁农户土地，农户从中获取土地租金收益；第四种是农户以宅基地入股，农户从中获取分红收益。

(3)就业增收

农业园和旅游庄园的运营需要雇用当地劳动力，带动就业的同时促进增收。例如，荔枝园雇用劳动力一般为女性 70～80 元/天、男性 100～150 元/天，到了农忙季节涨到女性 100～150 元/天、男性 150～200 元/天。一亩荔枝所需雇用的劳动力成本可以达到 1000 元左右。

(4)发展新业态增收

近年来，“互联网＋农产品销售”的新模式在羊山地区风生水起，秀英区的石山镇还建起了互联网农业小镇，农民有了新的致富方式。荔枝种植户可以通过电子商务有效扩大销售半径。秀英区永兴镇农民黄时京通过网络年销售荔枝近 20 000 千克，其中有 80％的订单在 5 月之前就已经预订完毕，预售价达到了 50 元/千克以上。

(5)依靠产品差异化增收

羊山是火山喷发形成的特殊土壤地区，富含硒等多种稀有元素，依托富硒卖点，通过网络电商营销渠道，当地农产品售价可以高出普通农产品很多，种植户因此受益。例如在淘宝网上，富硒红薯的售价比普通红薯高一倍左右。

2. 休闲农业

独特的火山玄武岩景观、优美的生态环境、浓郁的荔枝文化和健康的生态农产品使海口羊山地区具备了得天独厚的休闲旅游资源。其中已经开发并建成的雷琼世界地质公园是我国唯一的热带海岛城市火山群地质公园，也是第一家由联合国教科文组织确认具有突出而重要价值的世界级旅游景区。它被批准为国家地质公园，被联合国教科文组织批准为“世界地质公园”。

50 000 多亩的羊山古荔枝群与当地的生态环境有机结合，同火山岩、湿地、河流、村庄以及现代农耕组成风格独具的农业景观。除此之外，羊山地区还拥有全球唯一一条火山主题的越野自行车赛道以及千年驿道、百年碉堡、火山石器、火山文化、八音山歌、古老民居等特色资源。具备了功能拓展和旅游业发展的基础，适合开展娱乐、采摘、观光、科普教育（荔枝科普和火山科普）等一体化的旅游项目，休闲农业发展前景广阔。

在现实发展中，各级政府和民间投资主体已经对火山口农田耕作系统的休闲功能进行了不同层面的开发。海口市政府从宏观层面进行定位，包括投资重点、旅游线路规划等，还举办各种交流活动。例如，从 2011 年开始连年举办荔枝文化节等。海口羊山区域覆盖的各区县立足资源，不断发掘各自的旅游资源，例如，龙华区突出羊山生态环境和古文化特色，结合谭美片区生态村创建开辟古村文化旅游产品；秀英区结合保护古村落，突出火山遗址文化特色，发展农村特色餐饮和购物游。海口的休闲农业业主们因地制宜，利用当地优势，打造特色休闲和乡村旅游。在海口西线和火山口周边建成了誉城九号休闲农庄、火山泉休闲农庄、海口绿枫庄、海口乡村钓鱼台等一批集休闲垂钓、旅游观光、生态餐饮于一体的休闲农业项目。如今，西部绿色长廊火山文化与城郊休闲农业产业带已经成为海口市三条重要的休闲产业带之一。

3. 生态价值

农业的生态价值主要表现在农业对生态环境的支撑和改善的作用上。羊山地区古荔枝群对当地自然生存环境的改善、生物多样性的保持、自然灾害的防止、农业经济的可持续发展等方面均具有明显的作用。

(1)在改良生存环境中发挥了积极作用

一是起到了涵养水源、保持水土的作用。古荔枝树体高大，百年以上生的树高可达16米以上，树冠直径15米以上，根系发达，由大量粗壮发达的侧根和纤细茂密的细根所组成。枝叶繁茂的树冠能有效阻止雨滴对地表的直接冲刷；发达的根系与土壤盘结交错，形成了网兜效应，可以起到锚定作用，极大地增强了根系与土壤间的凝聚力，防止地表径流。因此，羊山地区水土保持良好。

二是起到了净化空气的作用。荔枝林可以调节平衡空气中氧气和二氧化碳的浓度。据测算，一般情况下，每公顷的阔叶林每天能吸收一吨左右的二氧化碳，释放700千克左右的氧气。荔枝林可以过滤尘埃、吸附粉尘和细菌。有研究表明，森林吸附粉尘的能力高出裸露的大地75倍；城市百货大楼内空气含菌率高于公园400倍，高于森林10万倍。荔枝林可以吸附空气中的有害气体。空气中的SO_2、NO_2、CO以及一些重金属造成的大气污染可以被树木有效吸收，在夏季，城市绿化覆盖率每增加10%，大气中二氧化硫的浓度会减少30%。羊山古荔枝生态系统的环境净化功能使其成为海口市重要的水源涵养地和绿色屏障，被称为“海口之肺”。

(2)在保持生物多样性方面做出了积极贡献

羊山古荔枝树群在当地的环境中长期自然成长，有着极强的环境适应性和强大的生命力，与当地火山口、火山锥、熔岩台地上发育的热带季雨林、热带果林、刺灌木和古榕树交错共生，保证了生态结构的完整和生物多样性的形成。

古荔枝群内的荔枝本身就具有品种多样、物种丰富的特点。20世纪60年代，羊山地区野生荔枝母本群面积达60 000亩，数百年的原生荔枝树连片成林，形成了世界罕见的野生荔枝母本群，而且“几万亩几十万株，没有一株相同”。在此基础上，还选育出许多荔枝新品种，形成了功能强大的多样化生态力。

古荔枝群内植被多样，层次分明，各类热带植物达1000多种。上层乔木以古荔枝和阔叶林为主(如椰子、龙眼、黄桐等)，普遍层高十几米以上。林下为灌木和草本群落。灌木和乔木间还生有大量藤本植物和附生植物(如蕨类、兰类科等)。乔灌草层叠交替，构成了热带独特的森林体系，被称作海南少有的热带雨林。

多样的生态环境为动物栖息繁衍提供了极为有利的生存环境。海口市统计年鉴显示，海口市有野生陆栖脊椎动物199种。其中两栖类22种，爬行类36种，鸟类119种，兽类24种(其中5种为海南特有种)，列入国家一、二类重点保护名录的野生动物13种，省级保护动物70种。《羊山湿地快速生物多样性调查报告》显示，在羊山地区区域性、大面积、多类型的湿地中记录了兽类4种、鸟类96种、两栖爬行类16种、鱼类44种、蜻蜓类32种、蝴蝶134种、大型真菌60

种，其中国家一级保护动物 1 种，国家二级保护动物 12 种。

(3)科研价值

羊山古荔枝生态系统是一个天然的教研基地，既可以作为现代林学、农学、生物学、生态学、植物学、环境学、资源学等多种学科的研究对象，也可以为教学研究提供实习场所。羊山古荔枝的历史地位以及结合所处环境所派生出的衍生价值在考古学、历史学、社会学、经济学等学科方面也有重要的研究价值。

羊山古荔枝生态群落具有极高的自然科学研究价值。这里是中国荔枝原生地之一，因其独特的地理历史环境和神奇火山地质土壤造就和蕴藏了世界上最稀奇的荔枝品种，形成了世界罕见的野生荔枝母本群，是中国乃至世界有名的荔枝种质资源库。这里曾经选育出我国第一个无核荔枝品种——南岛无核荔枝和我国最大果形荔枝品种——大丁香荔枝王。当地特殊的火山地质土壤和当地人祖辈养成的荔枝实生繁殖习惯，加上海岛特定的光、温、热等条件，造就了羊山地区荔枝生物群落。群落中植被丰富，生物多样，动物、植物、微生物之间循环演替，它们之间的相互关系，以及对环境和人类生活的影响都可以作为自然科学的研究对象。

(4)人文研究价值

羊山火山区是我国唯一处于热带地区的第四纪火山地貌地质遗迹，火山锥多达 40 座，熔岩隧道 30 多条，具有极高的科考价值。由于历史上海南地处偏远，文化落后，因此海南荔枝栽培历史虽然悠久，但见于文献却较晚。据记载，2000 多年前南越王赵佗就曾向汉高祖进贡荔枝(当时海南属于广东)，而直到明代正统年间，海南荔枝才首次见于文献。如果能够对羊山的荔枝栽培历史进行深度挖掘，对其寻根溯源，对海南乃至中国都具有重要的历史学术价值。此外，荔枝名字的由来以及长期以来形成的荔枝种植习惯等方面也具有较高的文化研究价值。

(二)海口羊山古荔枝群多功能表达中的困境和不足

1. 古荔枝资源遭到砍伐破坏，生态功能弱化

20 世纪 60 年代，羊山地区有野生荔枝母本群达 60 000 多亩，有 130 多个品种，其中 58 个品种为优良品种，但是大量的砍伐导致羊山古荔枝群破坏严重。对荔枝林的大规模砍伐主要有两次。第一次是“大跃进”时期被砍伐烧火“大炼钢铁”。第二次是 20 世纪 90 年代以后，砍伐的原因主要有三点：一是新品种培育出来以后，野荔枝市场竞争力较差，而荔枝木材市场价格始终居高，农

民在利益驱使下砍伐荔枝树卖木材；二是有些农户为了选育新品种，将自家表现不好的荔枝树砍掉，嫁接一些优良品种；三是一些农户在政府征用土地前，担心补偿款低，不能与荔枝木的实际价值相等而提前砍伐变卖。古荔枝资源因砍伐而大量流失，降低了资源的多样性，在 20 世纪 50—70 年代已经调查出的优良品种，许多已经消失，如南岛无核荔枝母树、大丁香母株等均已不在。

2. 旅游业发展层次较浅，休闲功能开发不足

休闲农业作为羊山地区的一种新兴产业和旅游可持续发展的一种实践形式，有效地拓宽了当地农民的增收渠道、优化了产业结构，在发挥荔枝多功能性方面起到了一定作用。但是总的来看，羊山地区的休闲农业尚处于发展的初级阶段。

(1)经营分散，品牌效应差

羊山地区休闲农业景点的开发多处于自发状态，规模较小，话语权较弱，区域布局分散，难以形成品牌效应。缺少名园、名品、名菜、名项目等，生态、文化内涵不高，社会影响力不大，知名度不高。

(2)缺乏宣传引导，资源利用不充分

古荔枝在休闲农业中的潜力没有充分发掘。例如，永兴镇拥有荔枝林 5.2 万亩(其中野生荔枝林 3.9 万亩)，是羊山地区古荔枝群最为集中的地区，但是该地区资源闲置，几乎还没有进行休闲农业开发。

(3)文化挖掘不够，产品开发不足

许多休闲项目只是把城市的餐饮服务转移到农村，缺少乡土气息，无法满足游客追求差异化的心理需求。旅游产品也缺少乡土文化特色，简单重复现象明显。

(4)部分地区村民不配合

一些管理者反映休闲旅游开发在某些地区阻力较大，村民对旅游开发不配合，多注重眼前利益，经常出现违约现象。

3. 开发管理部门职能交叉，影响办事效率

在羊山古荔枝群的保护和开发问题上，涉及部门多且分散。发改、财政、环保、林业、土地、农业、旅游、统计等多个管理部门均掌握着部分管理权。各部门往往从自身责任出发，强调本部门的管理规范，容易导致各部门间信息互通不足，可能导致部分工作重叠或相互衔接不上的问题，办事效率较低。而且羊山地区覆盖 3 区 13 镇，各区之间的沟通协调和利益调节也比较复杂。

(三)海口羊山古荔枝群多功能性挖掘及可持续发展建议

1. 加强对古荔枝群的保护,防止生态功能继续弱化

(1)立法保护

借鉴国内外先进经验,结合实际情况,整合与林地保护有关的法律法规尽快出台和实施相关法规或条例。

(2)建立保护区

对集中连片的古荔枝群和羊山湿地进行集中原地保护。

(3)设立生态补偿基金

对古荔枝保护做得好的乡村给予政策奖补。

(4)加强野生荔枝母本资源调查收集

对具特殊性状的荔枝资源进行嫁接保存。

(5)加大宣传力度

加大文化遗产重要性宣传,提高农户的保护意识。

2. 保护与开发并行,盘活生态资源

对古村落和古荔枝群的保护是十分必要的,但是保护不宜过度,保护生态并不意味着完全制约发展。针对羊山古荔枝群的实际情况,加快产业发展既可以借助“外力”,通过引入技术含量较高的生态友好型生产企业开发产业资源;也可以“内部”挖潜,通过组织村里的力量和争取上级支持,加快具有人文历史特色的景点的恢复性建设,并对现有休闲接待场所进行升级改造,以提升消费档次、增加消费收入。这不仅能守住羊山地区的“绿水青山”,而且能加快当地乡村振兴的步伐。

3. 坚持品牌化专业化方向,发展标准化荔枝产业

羊山地区的荔枝产业已经具备一定规模,也有了自己的特色(富硒),应该坚持走专业化、品牌化路线。

(1)完善基础设施建设

建设农业标准化生产基地,提高荔枝抗灾、防灾能力,为生产质量稳定、特色鲜明的品牌荔枝产品奠定生产基础。

(2)强化羊山荔枝的品质认证

以“三品”认证为核心,发展农业品牌可追溯体系,建立农产品身份认证,提高和强化火山富硒荔枝的质量保证。

(3)加大宣传力度

由地方政府制定荔枝产品战略规划,并充分利用电视、报纸、杂志、广播等各种新闻舆论工具,大力宣传,拓展市场。

4. 继续挖掘休闲旅游发展潜力

为更好地推动羊山地区乡村休闲农业个性化发展,需要重点抓好以下四件事:

(1)统一规划,合理布局

以"西部绿色长廊火山文化与城郊休闲农业产业带"为核心,制定旅游线路,并在此基础上进行刚性指导和区域、功能定位,避免雷同、重复建设。

(2)重视品牌建设,注入文化要素

重视休闲农业的形象策划与包装,打造休闲农业品牌。以永兴荔枝为支点,深入挖掘羊山荔枝文化;以火山文化为主题,提升古村品位。

(3)发挥政府的主导作用,开拓多元化的投融资渠道

建立市、区、镇三级政府投入基金,鼓励和引导工商资本、民营资本和外来资本投资开发休闲旅游农业,建立起"业主为主、政府配套、社会参与"的投入机制。

(4)积极培养乡村旅游人才

按照现代乡村旅游发展的要求,以电大、技校、高职院校、实践网点等为载体,构建职业教育、继续教育、终身教育、农村社区教育的"四位一体"教育体系,辅以相对成功的乡村旅游企业或农户为典型示范,重点从经营管理、接待服务、产品营销等方面对他们开展培训指导,培养一批懂服务、会管理、留得住的乡村旅游发展人才。

5. 整合部门,简化管辖机构

针对管理部门过多、权责夹杂不清的问题,笔者建议政府按照精简、高效、透明的原则,设立专门的发展监督或指导职能小组。整合归并性质相近、用途相同、使用分散的相关资金。同时,理顺各部门之间的工作关系,建立统一互通的政策创设平台和动态调整机制,提高羊山古荔枝群开发政策的精准性、有效性和执行力。

第七章 优秀传统文化视角下的乡村振兴路径探究

第一节 优秀传统文化的精神传承与物质传承

农村是乡土文化的发祥地,乡土文化浸润乡里精神风貌和文化精神,造就了乡土性格和乡土精神。乡村文化振兴,振兴的是乡村文化,而不是其他文化。因此,只有以乡土文化为根基,以传承发展乡土文化为己任,才能体现出特色,形成自己的独特优势,这样的乡村文化振兴才有生存发展动力,才有活力和生命力,才有参与者和创造者;乡村文化只有形成具有乡土性格和乡土特色的、农民自己的文化风格和文化特点,才能避免沦为城市文化的翻版,乡村才可能获得真正的振兴。

乡村文化振兴的活水就是乡土文化,具体来讲,就是各地各具特色、风情各异的农村文化。我国地域广大,各地风土人情差异甚大,形成了丰富多样的乡土文化。乡村振兴以乡土文化为重要任务,绝不是简单地复古,使乡土文化回归到原生态,而是在传统乡土文化的基础上,对其加以传承发展,用现代人能接纳的方式使其获得活态发展,并在其中融入社会主义核心价值观。这样的文化振兴,是中国特色社会主义发展的内在要求,更是乡村振兴契合于社会主义新农村的必然结果。

推动优秀传统文化的现代传承,主要依据如下。

一、坚定文化自信,实现中华民族伟大复兴的内在要求

文化自信关系国运兴衰、文化安全和民族精神独立性。当前,中华民族正大步迈向伟大复兴的历史征程,文化自信是大国复兴的必然要求。只有坚定文化自信,才能培固民族精神之根,熔铸中华之魂,涵养中国精神之源,共筑伟大复兴之

梦。中华优秀传统文化是中华民族的根和魂，是坚定文化自信的底气所在，文化自强的优势所在，共筑伟大复兴中国梦的力量所在。坚定文化自信，需要实现传统文化的当代传承，使其能在中华民族的文化基因中传承下去，在现实中找到生存发展的动力和依托，这就对推动优秀传统文化的现代传承提出了新要求。

二、实现乡村振兴，提升当代农村发展水平和层次的重要精神动力

乡村振兴是新时代关于农村发展的新的战略部署，是在农村有了一定程度发展之后，从实际出发，在对改革开放以来农村发展实践经验总结的基础上提出的重大发展安排。改革开放后，当代农村经济社会发生巨变，农民生活水平有了大幅提升，但是农村文化发展却不尽如人意，成为农村发展的短板，制约着农村改革的进一步深化。追根溯源，优秀传统文化是农村的根脉，只有推动优秀传统文化的现代传承，才能为农村文化发展找到一条康庄大道，为乡村振兴找到真正的精神动力和文化支撑。

三、缩小城乡差别，全面建成小康社会的关键环节

进入新时代，我国发展面临的突出问题是城乡之间的不均衡，包括经济、政治、文化、社会等。在这诸多的不均衡中，城乡文化发展的失衡成为新时代需要着力解决的难题。这个问题不解决，必将影响农民的精气神，危害农村社会的文化自信和精神基础，不利于小康社会的全面建成。

按照内容进行分类，传统乡土文化主要包括物质文化、精神文化和制度文化等。

(一)物质文化

一般来说，乡土物质文化作为乡土文化有形的存在，是指那些能被人们直接感受到的外在的文化形式，如衣、食、住、行等，它构成了乡土文化的载体。

(二)精神文化

精神文化是乡土文化的核心，决定和影响着乡土文化的根本发展走向，是乡村振兴的灵魂。

（三）制度文化

制度文化，比如文化风俗、习惯和节庆活动等内容，是文化精神的中层体现和乡规民约的制度表达，也是由文化精神决定的。

综观文化发展的三个层次，精神文化是乡土文化的核心层次，它的变迁最终决定乡村文化振兴的成功与否，是乡村文化振兴的重要标杆。乡村文化振兴的任务之一就是推动乡村的物质文化和精神文化的传承，在这个前提下，推进制度层面的变革，为实现乡土文化的全面现代化提供重要保障。

第二节　优秀传统文化振兴推动乡村治理理论分析

一、乡村优秀传统文化对乡村治理的促进作用

（一）乡村优秀传统文化可以重塑文化认同，提供可持续发展动力

乡村传统文化在所有的社会环境下，它的内涵和价值都是村民始终坚持并自发遵守的普遍性规范，对村民的社会行为进行潜移默化的规束和引导，同时兼顾影响村民的心理状态，并通过对思想和行为进行和谐融合，使村民的社会行为趋于统一化，最终使所有人对传统文化价值产生心理认同感。传统文化将人们通过无形的纽带聚集在一起，整合了社会力量，统一形成“同心同德”的价值取向。这种维系民族精神的无形纽带是精神文化意识所造就的，不但是保证乡村文化主体和文化主权的基本条件，更是进行乡村善治所必备的文化基础。

但是，随着经济全球化和社会现代化的不断推进，即将分崩离析的危险局面已经出现苗头，乡村传统文化正处于分崩离析的危机境地，从而导致村民失去了文化自信。广大村民急迫地想要脱下“农民”的帽子，拼尽全力地向现代化、城市化的生活方式转变。原本残存于乡村社会的乡村传统文化面临支离破碎的困境，而新的适合当代乡村社会的文化秩序仍在孕育之中尚未完全建立，因此表现出文化断层，而生存在这空白地带中的现代农民出现精神贫困问题也变得有迹可循。

伴随乡村社会现代水平的提高，村民的生活水平日益改善，在满足了物质

条件的前提下，开始出现乡村精神文化需求与政府提供的公共文化产品供需之间的不平衡并日益加剧的状况。特别明显的是，在中国推进深化改革的大背景下，村民自古流传至今的自给自足的田园生产方式逐渐被工业化机械化生产取代，经济全球化带来的多元文化和种样繁多的经济发展方式，不但给予了传统乡村压力，也刺激着村民向城市迁移，在充满机遇和挑战的社会环境下，村民们希望能找到自己生存的空间与价值，乡村传统文化在此时可以给予村民证明自身价值的凭依。乡村经济的发展进程受到乡村文化发展水平的显著影响，想要带动当代乡村经济社会的和谐稳定发展需要有适合当代乡村社会实际且具有开创性及先进性的乡村传统文化。适应于现代的乡村传统文化可以引导村民树立正确的世界观、价值观，创造良好的乡村氛围，激发前进奋斗的自发性、积极性和创造性，为乡村社会的发展提供新思路和生产力，为乡村经济发展平稳提升奠定基础。与此同时，保证了乡村发展所依靠的主体思想观念与上层政策制度保持在同一步调上，达到强化人民的集体感和战斗力的目的，为乡村社会发展提供条件。最后，通过提升全体村民的思想素养，使村民激活受惠终身的精神追求和前进动力，为可持续发展提供动力。

（二）乡村优秀传统文化可以规范约束乡民，降低乡村治理成本

文化育人是乡村传统文化所包含功能之一，它让村民身在传统文化环境中，不知不觉受其教育影响并改变。由于乡村传统文化经过历史的变迁和磨砺，在乡村生活的方方面面或是乡情风貌或是古宅名居又或是风俗民情都融入了其中，它不需要通过额外的教育形式和媒介，而是通过家传或是生活接触就可以影响教化到村民的生活行为，同时这种影响力不但深远且持久恒定，在无形之中影响了村民的思想方式并规范了言谈举止。目前，乡村振兴战略的提出和施行为乡村发展提供了发展机遇，在这一局面下，通过乡村传统文化的教化育人作用，催化村民从“私德人”转化成为“公德人”，可以为乡村治理提供基础。同时为乡村社会的发展进步哺育出一批具有符合中国特色社会主义核心价值观的新青年。

村规民约是乡村传统文化中规范文化的实质表现，不但反映了乡村社会中村民的行为规范准则，而且是群体观念和伦理道德留存的意义所在。乡村社会

是以传统邻里关系和氏族关系演变而成的熟人社会。以村民自治为乡村治理的基础,在治理过程中一般表现为使用礼治手段重过法治手段,处理纠纷冲突大都是沿用流传下来的约定俗成以及村规民约。在熟人社会中,人情世故包括的礼、德、情都是随着乡村发展流传至今的文化传统。村规民约的制定准则同样是基于国家法律和伦理道德要求,这些村规民约对于村民的约束效力远超法律的规范。这种文化力量融于村民传承的血脉中,为乡村社会埋下德治的种子。

在乡村治理的实践中,各种大大小小的冲突与纠纷存在于乡村社会的方方面面,对于这些烦琐的社会问题,若是不论矛盾规模大小全都凭借国家法律去处理,会由于过高的社会成本及烦琐的行政手续而导致处理矛盾的时间被拉长,使得部分社会问题被堆积无法及时处理,影响乡村社会稳定。村规民约在解决基层纠纷的时候有国家立法不具备的优势,即成本低且效力高。村规民约是根据各村村情实况而制定的,可以对法律制定的空白地带进行补充治理。中国大小规模各异的乡村数不胜数,不同地域的风俗民情使每个村庄都具有独特性,只有因地制宜的规范制度才能起到约束的最大效用。村规民约在乡村治理的运用中具有弹性特点,同时,从制定村规民约的程序来看,其制定和施行程序远远比法律的制定简单,并且可以根据实际情况的发展,根据乡村治理需求,在短期内制定出相适应的村规民约,与法律的制定相比更加注重细节的把握,适用于实际问题的处理。乡村社会中常常会发生各种或是鸡毛蒜皮或是震天动地的矛盾纠纷,村规民约能以最低的成本从最切实问题根源的角度解决矛盾隐患,弥补法律制定的空白地带,有效迅速解决问题,降低乡村治理成本。

(三)乡村优秀传统文化可以丰富治理主体,提高乡村治理水准

乡贤也称为乡绅,是乡村传统文化在乡村治理中能产生作用发挥功效的主体之一。乡村社会的绵延发展为乡贤存在的可能提供了生存土壤,在乡村社会的传统文化价值观念受到外部文化的冲击和侵染时,村民文化自信缺失,乡村风气躁动,乡村秩序不再和谐稳定,而是面临崩溃,德治和法治无法在乡村治理中得到有效运用时,乡贤的突出价值就显现出来。不同于政府治理常用的文山会海、道德论坛宣讲等模式化的手段,乡贤在乡村中拥有高度声望和族人的信

任感，能辅助政府对乡村的治理，弥补政府治理的缺漏。同时，乡贤对乡村治理的辅助助力是其具有善治与德治力量特点的体现，而从中国从古至今的历史中寻觅可以发现，乡贤一直作为官府和普通民众直接沟通的渠道，能对乡村社会进行辅助调控和治理。

随着社会现代化进程的推进，乡村中空心村、伦理道德丧失、乡村传统文化传承隔断等问题屡见不鲜，面对这些问题和困境通过乡贤的手段进行间接辅助治理，对于重塑具有正面影响的乡村传统文化是有积极作用的，可以促进我国乡村治理向乡村振兴战略制定的目标发展。同时，乡贤文化的发展是促进乡村治理达成善治的方式，由此可以达到提升村民素质、提高乡村发展水平的目的，从而提高乡村治理水准。

（四）乡村优秀传统文化可以稳定乡村安定，为乡村治理提供保障

想要增强村民对乡村社会的认同感和归属感需要保证乡村社会的稳定发展，从而为当代的乡村治理提供基础条件。目前，影响乡村社会稳定的因素仍然有很多，包括但不仅限于生活条件贫困、乡村组成结构、村民的价值观、乡村人口流动以及村民的社会化转变程度等因素。乡村传统文化具有内在稳定性，将这一特点运用于乡村治理之中，也是其文化软治理的功能之一。

1. 优秀的乡村传统文化对于减少乡村贫困人口数量及减小乡村贫富差距有积极作用

在中国历史中闻名遐迩的“徽商”文化以其“财自道生，利缘义取”可以说在全国商贾中津津乐道，他们奉行的“以儒术饰贾事”更是享誉世界，将这种优秀的商贾传统文化在乡村传统文化振兴中传承发扬开来，对于乡村社会的稳定有极为有效的推动作用。从创造收益的角度来看，这有利于激发村民自我奋斗的精神品质，使之能依靠自身能力来获得收益；从致富与守法的角度来看，所谓“君子爱财，取之有道，视之有度，用之有节”，从古至今一直提醒我们要有正确的价值观，不能为了追逐利益而违法乱纪，要有节制把握好尺度，从此可以看出优秀的乡村传统文化可以通过其引导作用，指引村民通过合法合规的方式去获取经济利益，杜绝违法犯罪；同时可以助力村民培育出互帮互助之和谐发展的乡村风貌，解决乡村社会中的矛盾冲突从而达到乡村社会稳定的目的。

2. 优秀的乡村传统文化有助于优化乡村结构配置

上层社会对于村民有着无法取代的吸引力，而文化对于村民在各个阶层直接流动有着推进作用，促进村民在社会中流动的第一要素就是村民通过教育获得可以谋生的知识和技术，来提升自身层次水平。

3. 优秀的乡村传统文化对于乡村社会治理有约束效力

从思想角度层面来看，乡村传统文化中所蕴含的道德规范元素和价值取向被深刻地融入村民的思想中，由此对本身行为习惯的规范起到约束作用，使行为规范与法律政策相适应。从行为程度来看，自内向外的自我约束要比由外到内的法律和制度约束的效果更为有效且持久、更节省公共行政资源，并且从根源上打消村民违法乱纪的想法。实现稳定乡村社会的目标，为乡村治理提供保障。

（五）乡村优秀传统文化可以重建文化自信，助推乡村振兴实施

村民对乡村文化持有的自信心与信念及对乡村传统文化价值和自身理想信念的绝对认同，是乡村文化自信的基础条件。乡村文化自信体现了村民对自身文化生命力及发展可能性的充分肯定，是对自身文化自信和自豪感的外在表现。乡村文化中以和谐、共生、互利为核心的价值取向的优秀传统文化，可以引导村民树立正确的世界观，来理性认识和认知世界。这是村民对伴随日常生活诞生的乡村文化的一种理性认知，表现了对优秀的乡村传统文化的强烈认同，也表现出面对外部文化侵蚀时可以正确认知，不会崇洋媚外，守住初心，坚持保护自身的文化特色。乡村振兴战略的推行需要文化自信坚定人民的思想信念，来保证人民在精神追求上保持一致向同一目标共同努力。

乡村文化的传承发展需要乡村文化自信作为保障，乡村传统文化振兴可以在潜移默化中引导人民向往正向的价值观念，包括深入挖掘乡村优秀传统文化内涵，建立健全保护乡村传统文化遗产措施，建设村级公共文化设施，提升村民的伦理道德水平及提高村民的文化教育素养等。然而想要达到这些目的，广大人民群众的自发参与和合作是必不可少的前提条件。但是随着社会的进步和发展，越来越多的年轻村民对于城镇高水平高质量的物质生活条件和优越的教育、医疗等社会公共资源的向往越来越强烈，反而对作为家园的乡村的情感逐

渐泯灭，原本持有的乡村文化自信也随之消退甚至不复存在，加入乡村文化振兴推行的积极性下降，最终导致在乡村中推进乡村振兴极为困难。由此，想要加强村民自发参与乡村振兴的建设首先要重新树立村民的乡村文化自信，通过文化自信激活村民的文化认同感，才能更好地推动乡村振兴战略的实施。

二、乡村传统文化振兴推动乡村治理路径分析

(一)弘扬优秀传统文化，传承民族精神

中国是世界上少有的具有数千年历史文明的文明古国，这些丰富的文化资源为新中国的发展壮大奠定了基础。在中国传统文化中，有许多优秀的传统文化值得继承与弘扬。弘扬传统文化，需要充分汲取与运用优秀传统文化中所蕴藏的经验与超前的智慧。中华传统文化中所蕴含的治理理念以以德治国、以文化人为主，推崇“言必信，行必果”等思想观念。这些前人的智慧不仅在我们面对生活中的困难时提供解决思路，同时也赋予我们正确的道德准则和最为实用的生活常理。“去粗取精，去伪存真”是我们对待传统文化应有的态度，“古为今用”是对传统文化适用于现代社会的创新性转变要求。

弘扬传统文化的同时，还要注重传承民族精神。民族精神可以为人民在精神上提供支持，为人民参与国家行为和振兴举措提供思想动力，是一个民族的生命力与集体凝聚力聚合而成的统一体现。上下五千年沉淀的中华传统文化蕴藏着中华民族始终如一的精神向往，有我们特有的历史印记，为中国人民的品格养成和价值追求提供了文化基础，最终通过社会的不断演变形成中华民族自强不息的民族精神，流传下了“富贵不能淫，贫贱不能移，威武不能屈”“先天下之忧而忧，后天下之乐而乐”“天下兴亡，匹夫有责”等优良传统。同时，随着社会的发展，民族精神内涵不断得到拓宽，形成了长征精神、雷锋精神等，表现出用于改革和创新的精神动力，为推进社会发展贡献一份力。

(二)深入挖掘优秀传统文化，保护文化遗产

深厚的内涵思想与道德影响力是传统文化颇具吸引力的原因，从儒家思想的角度探索，其思想核心归结为“仁、义、理、智、信”，这“五常”贯穿中华伦理道

德的发展进程。儒家思想的精髓在于对孝的重视，深入挖掘可以以此为出发点。针对当前社会中出现的空巢老人养老问题、留守儿童看管教育问题、因利导致家庭不睦等问题进行调解。除此之外，传统文化流传至今的家国情怀仍令我们津津乐道，无论是“修身齐家治国平天下”还是“穷则养身，达则兼济天下”，或是把“为天地立心，为生民立命，为往圣继绝学，为万世开太平”当作自身的人生信仰。我们不求人人出仕去治理国家，但求当代青年吸收传统文化精髓，提升个人社会责任感，勇于担当，是以推进个人自发提高自身修养与素质，成为构建文明社会的一分子。

传统文化是历史留下的痕迹，深入挖掘传统文化的精神内涵并对其进行与时代相适应的传承发展，就是对乡村记忆的守护和对文化根脉的延续。这包括保留有历史文化价值的传统村落和民居，抢救保护重要的民间文化遗产。

在文化遗产的保护进程中，法律是最具权威性和稳定性的，并承担着十分重要的责任。近年来，无论是国家还是地方各级政府都非常重视文化遗产的保护工作，制定并颁布了不少相关的法律法规，法律保护确实有了较大程度的提高。但总体而言，当前我国文化遗产法律保护状况虽逐渐改善，但仍缺乏较为完善和实用的法律规范，更没有形成完备的法律体系。对此，应进一步健全文化遗产保护制度，制定相关政策法律对文化遗产进行保护和理性的开发。在法律保障的基础上，政府要积极发挥作用为文化遗产保护提供技术性和创造性支持，结合实际情况对其进行保护开发。

（三）丰富优秀传统文化内涵，融入时代旋律

新时代是充满挑战的时代，要推动传统文化实现创造性转化，在文化多元化的背景下面临着长期、复杂和艰巨的挑战。

首先，针对传统文化内涵向现代社会的适应性转化，我们要跟随时代的步伐以辩证的态度、科学的视角进行诠释和解读，并将传统文化中的先进思想融入新时代的社会发展要求，使之得到传承发展。例如，“一国两制、港人治港”政治方针、“构建中国特色社会主义和谐社会”的思想理论都是基于传统文化中的和谐精神理念发展出来的。

其次，全球经济一体化的趋势不可逆转，传统文化正处于一个多维角度的

视野中，在与外来文化的交汇中，我们奉行传统文化中的包容精神，积极吸收转化外来文化中的先进部分，做到求同存异和兼收并蓄，使传统文化在社会发展中不断前进发展，保持生命力。

（四）拓展优秀传统文化影响力，坚定文化自信

传播传统文化的途径和方式单一、普及教育的社会氛围不浓，会导致传统文化影响力下降。为改变这一情况，达到提升传统文化影响力的目的，要将传统文化和现代文化做好交流转化，打破传统文化的固化表现形态，通过微信、微博、公众号等现代主流多媒体平台对传统文化进行传播，采用新的文化载体如VLOG、动漫、音乐、短视频等，为扩大传统文化的影响力提供多种选择，提升传统文化在现代社会中的生命活力。完成传统文化与现代文化的转化创新，使之在全球文化交流平台上保有自己的一席之地，让中国获取他国人民的关注，将中国传统文化推上国际舞台，从而将其影响力拓展到全球。例如，在全球满地开花的孔子学院就是传统文化走向世界的典型，为全球人民搭建一个了解中国传统文化的平台。

扩大传统文化的影响力，可以提高人民的文化认同感，对于树立广大村民的文化自信甚至培育中国精神起到积极的促进作用，为此引导人民树立对于传统文化理论体系的信念，正确认识传统文化的当代价值，从而达到提升人民对于传统文化的接纳度和自豪感的目的，坚定人民的文化自信。

（五）丰富治理内涵，理解善治要点

建立健全自治、法治、德治相结合的乡村治理体系，是乡村治理的新目标，这是实现乡村振兴战略的内在要求，也是其重要组成部分。善治是传统文化的内化表现之一，有深邃的含义及亲和力，我国古代著名思想家老子曾在其传世著作《道德经》中提到"善治"理论，指出治理社会要采取柔性手段，而"柔"性思想贯穿老子政治思想的主要内涵，如"天下神器""为无为，则无不治""以正治国"等，体现治理主体要注重治理对象，重民轻已，做好自身表率，培养良好淳朴的社会氛围。

乡村治理的终极目标是达到善治，善治的最终成果能获取社会治理中的公共利益最大化，其最典型的特征是政府和受治理群体共同对公共事务进行协同治理，这一治理形态可以填补政府治理中的缺失地带。乡村善治的目的是以乡村地域为界，在规定范围内获得乡村社会群体利益的最大化，采取以乡村村民

为治理主体，充分体现出基层的民主自治效力及提高公共服务水平等，推进乡村界域内多方主体尤其是政府行政手段和村民在乡村社会中的共同协作，使各方关系达到最优配置，为广大人民谋取更大的利益。

(六)打造乡村传统文化品牌，发展乡村特色经济

乡村传统文化由于地域差异性，造成不同地域的乡村传统文化都有自身的地方特色，就全国来说，东部偏向高新技术和先进文明，南部则表现出地域影响下的温柔情怀，北部展现出了豪爽奔放的天性，西北则保留着自然淳朴的原始风貌。随着近年来对传统文化的关注度提高，很多地方都根据自身条件打造出了无法复制的结合现代化建设的特色文化品牌，如浙江古镇乌镇，甘肃敦煌的《再见敦煌》，云南的《印象刘三姐》《印象丽江》，福建武夷山的《印象大红袍》等。同时，可以开发出具有当地文化特点的文化项目，如浙江省嘉善县西塘的文化节，西安的中国华服日，这些活动可以将当地的核心传统文化融入社会中，有助于成功打造不可替代的传统文化品牌。在传承和发扬当地传统文化的基础上，吸引外地人群参与到当地的特色活动中，拉动当地的特色文化经济发展。为此，各地政府要注重扶持和培育社会组织，为其提供发展平台，以当代社会的主流方式推进传统文化发展。

第三节　优秀传统文化传承发展对策

一、树立人才是根本的文化发展理念，建立多层次的文化人才队伍

农村发展，人才为本。优秀传统文化传承需要大批文化人才，既要专业人才来进行规划、引导、指导和管控，更需要各类综合性人才来实施推进。结合当前我国农村社会和农村文化的现实，各地农村要下大力气广纳贤士，吸纳人才，具体措施包括：改革用人制度，创新用人机制，在机构编制、职称职级、福利待遇等方面向基层文化人员倾斜；建立相关规章制度，提供条件保障，吸引乡贤、志愿者等优秀人才进入农村文化领域；增加农村生活时尚元素，吸引青年驻村参与建设；等等。

二、坚持以文化人，重视培育提升农民文化素质

从根本上说，农民是优秀传统文化传承发展主体，文化传承归根结底要依靠这个主体，其成效如何取决于农民的文化素质和文化意识传承效果。尊重农民的农村文化传承的主体地位，发挥其主力军作用，是优秀传统文化传承的必然要求。同时，必须看到，相当数量的农民文化素质较低，在文化传承意识和价值上认识不足，即使被发动起来主动参与，在传承中受个人文化素质限制，难免力不从心。因此，必须重视培养、教育农民，用社会主义核心价值观、现代文明提升其素质，提升其文化层次和水平，使其形成良性自我发展机制，敢于传承，乐于传承，能于传承，切实担当起文化传承发展的重任。唯其如此，乡村文化才能得以真正的振兴。

三、站位高远，以开放态势提升文化活动品质

文化传承既要立足优秀传统文化资源，更要注重提炼出新，从现代文明中汲取滋养、走向开放，打造具有新时代特质的农村文化。例如，丽水“乡村春晚”依托传统民俗文化、结合旅游产业、融入时尚元素，已成为城乡共享的文化品牌。2018 年 3 月 12 日晚，群星璀璨聚联城，共建文明新农村 2018 联城—太平乡村春晚优秀节目展演在武村农贸市场交易点隆重举行。晚会以太平巨溪村的《龙腾虎跃》民俗表演开场，只见一条金龙左耸右伏，九曲十回，时缓时急，蜿蜒翻腾地在舞台上舞弄起来。正是这种文化原生态，饱含着浓浓的乡土气息，足以抹平久别的“乡愁”。民众的热爱与广泛参与，永远是文化发展的内生动力。透过“村晚”这个文化窗口，我们深刻感受到其中的文化内涵，每个群众的脸上都映衬出“文化自信”四个字。

四、多方筹备，鼓励社会力量参与文化建设

我国优秀传统文化内容丰富，其传承是一项繁杂而重大的任务，只依靠某一方面的力量显然难以满足其发展需求。为此，需要动员社会各方力量参与，鼓励和吸引多类型、多渠道、多形态、多元化的社会力量参与其中，涉及人才、资金、内容等方面，提供多样化产品，满足不同层次需求。

舟山市普陀区六横镇积极开展“文企结对”活动，“淘文化”公共文体产品和服务平台已有 600 余家文化企业入驻，成为农村优秀文化传承的典范。

2018 年 10 月 1 日，新疆喀什地区疏勒县英阿瓦提乡滚独鲁库木村的村民们着装一新，整齐列队在村委会广场，升国旗、唱国歌、面向国旗宣誓……随后，设在村委会内的爱心超市又一次开放了，村民们排起了长长的队伍，手里拿着积分券，等候用积分兑换所需的物品。爱心超市里，服装、大米、食用油、日用品等琳琅满目。爱心超市是新疆维吾尔自治区社会科学界联合会、北京市仁爱慈善基金会共同发起的一项活动，目的是助推新疆南疆农村脱贫攻坚工作，倡导村民有诚信讲道德，弘扬中华优秀传统文化，重塑乡村文化生态。滚独鲁库木村的爱心超市以“惠民”“爱心”“孝心”“责任心”“致富心”“传递正能量”等为主题，围绕村民参与维稳工作、积极配合工作队和村“两委”加强基层基础、脱贫攻坚、积极参与村级事务管理、家庭美德、国家通用语言学习教育等方面进行奖励，结合村规民约制定《超市管理办法》和积分兑换规则，把思想引导和物质奖励结合起来，激发村民内生动力，让扶贫、扶志、扶智真正落到实处。

五、积极发展村集体经济，为文化建设提供资金保障

各地村集体经济情况不一，其强弱程度影响着农村文化建设。重视发展村集体经济，为建立优良乡风文明提供充分的内源式资金保障，才能筑牢基层思想文化阵地、消除迷信活动。

被列入第三批国家级非物质文化遗产名录的“蓝夹缬技艺”是中国印染工艺的“活化石”，曾是温州民众婚嫁的必备用品。非遗传承人王河生与其他农户一起组建的马屿镇净水村靛青专业合作社，以蓝夹缬靛青染料炼制技艺为核心，创办蓝夹缬博物馆。此举不但完整地传承了靛青种植、炼制及蓝夹缬产品制作一整套技艺，还利用靛青的根（南板蓝根）制成农产品，走出了一条传统非遗文化带动特色农业的路子。文化为犁，强村富民。蓝夹缬靛青染料炼制技艺成了产品宣传的活招牌。“原来一亩地仅收益两三千元，现在可达七八千元，效益明显提高。”王河生说。他们开通了淘宝店等网络销售渠道，上架了蓝夹缬手工制品、板蓝根等特色产品，吸引了很多外地消费者购买。2017 年，蓝夹缬博物馆与靛青专业合作社的销售总额超过 100 万元。蓝夹缬产品等民间民俗工艺品，凝聚着一方村民的文化追求，是有别于城市的显著表现之一，其文化的异质性将是实现乡村发展、壮大集体经济的重要因素。

参 考 文 献

[1]曾蓉.从文化视角探索乡村振兴的发展之路[M].北京:经济管理出版社,2019.

[2]王太彬.乡村文化建设与保护研究[D].郑州:中原工学院硕士学位论文,2012.

[3]强娇娇.我国乡风文明建设中乡贤文化的传承与建构[D].成都:西华大学硕士学位论文,2017.

[4]季中扬,师慧.新乡贤文化建设中的传承与创新[J].社会科学,2018(1):181—186.

[5]施玮,吴赢.特色文化+乡村振兴:模式、方法与个案[M].厦门:厦门大学出版社,2021.

[6]顾保国,林岩.文化振兴:夯实乡村振兴的精神基础[M].郑州:中原农民出版社,2019.

[7]齐骥.乡村文化振兴:如何唤醒乡土记忆[M].北京:知识产权出版社,2021.

[8]蒋高中.20 世纪中国淡水养殖技术发展变迁研究[D].南京:南京农业大学,2008.

[9]焦雯珺,闵庆文.浙江青田稻鱼共生系统[M].北京:中国农业出版社,2015.

[10]金掌潮,等.论淡水渔文化的开发及对产业的促进作用[J].河北渔业,2008(10):56—58.

[11]李爱苹,王金球.关于农村公共文化产品保障的问题研究[J].经济研究导刊,2012(10):53—54.

[12]龙文军,等.乡村文化振兴的路径探索[M].北京:中国农业出版社,2022.

[13]夏淼.当代中国乡村文明建设研究[D].兰州:兰州大学,2011.

[14]赵霞.乡村文化的秩序转型与价值重建[D].石家庄:河北师范大学,2012.

[15]张梦洁.美丽乡村建设中的文化保护与传承问题研究[D].福州:福建农林大学,2016.

[16]孙景淼.乡村振兴战略[M].杭州:浙江人民出版社,2018.

[17]姜长云.乡村振兴战略:理论、政策和规划研究[M].北京:中国财政经济出版社,2018.

[18]林峰.乡村振兴战略规划与实施[M].北京:中国农业出版社,2018.

[19]张红宇.乡村振兴战略简明读本[M].北京:中国农业出版社,2018.

[20]张勇.乡村振兴战略规划(2018—2022年)辅导读本[M].北京:中国计划出版社,2018.